KB068543

알아야 산다
**자영업
소상공인이**
꼭! 알아야 할
10가지

알아야 산다
자영업
소상공인이
꼭! 알아야 할 10가지

초판 1쇄 발행   2024. 5. 28.

지은이   최연일
펴낸이   김병호
펴낸곳   주식회사 바른북스

편집진행   김재영
디자인   배연수

등록   2019년 4월 3일 제2019-000040호
주소   서울시 성동구 연무장5길 9-16, 301호 (성수동2가, 블루스톤타워)
대표전화   070-7857-9719 | **경영지원**   02-3409-9719 | **팩스**   070-7610-9820

•바른북스는 여러분의 다양한 아이디어와 원고 투고를 설레는 마음으로 기다리고 있습니다.

이메일   barunbooks21@naver.com | **원고투고**   barunbooks21@naver.com
홈페이지   www.barunbooks.com | **공식 블로그**   blog.naver.com/barunbooks7
공식 포스트   post.naver.com/barunbooks7 | **페이스북**   facebook.com/barunbooks7

ⓒ 최연일, 2024
ISBN 979-11-93879-89-4 03360

•파본이나 잘못된 책은 구입하신 곳에서 교환해드립니다.
•이 책은 저작권법에 따라 보호를 받는 저작물이므로 무단전재 및 복제를 금지하며,
이 책 내용의 전부 및 일부를 이용하려면 반드시 저작권자와 도서출판 바른북스의 서면동의를 받아야 합니다.

알아야 산다
자영업
소상공인이

최연일
지음

꼭! 알아야 할 10가지

상가건물
임대차보호법 실무

이 책이 필요한 이유는 돈을
벌기 위해 상가건물을 임차해 사업을 시작한
사장님도 "알아야 산다!"는 것이다.

바른북스

   우리나라 소상공인 자영업 사업자의 대부분은 자가 건물이 아닌 건물이나 상가를 임차하여 사업을 운영하게 된다. 사업자 대부분은 사업지(창업지)의 상권이나 입지를 중요하게 생각하며 신중히 선정하지만, 정작 사업의 보금자리인 상가건물의 건물주와 임대차계약에 관하여는 대수롭지 않게 생각하고, 임대차계약을 체결한다. 개업공인중개사의 설명을 듣고 문제가 없으리라 생각하는 게 일반적이다. 대부분은 사업에 대한 희망과 여러 준비해야 할 것들에 매몰되어 임대차계약은 월세만 잘 내면 되겠지 하고, 행정처리 하듯 무심히 도장을 건네고 계약서에 도장이 찍히는 것을 보고 있게 된다. 임대차계약 후 창업하고, 사업 성공을 위해 노력하고 있을 때, 임차한 건물과 관련하여 임대인과의 이런저런 분쟁으로 결국 잘나가던 사업을 접게 되는 경우가 많이 발생하게 된다.

사업이 잘되든 잘되지 않든 임대인과의 분쟁은 소규모로 운영되는 사업장에서는 사업의 영위를 고려해야 하는 중요한 부분으로 나타난다. 사업이 잘된다면 임대인은 월차임을 더 많이 받을 수 있지 않을까 생각할 수도 있을 것이고, 잘되지 않으면 임차인이 월차임을 잘 내지 못할 것을 우려해 계약을 유지하고 싶지 않을 수도 있을 것이다. 뿐만 아니라 무수히 많은 문제가 발생할 수 있을 것이다.

　소상공인의 임대차계약과 관련된 사항은 기본적으로 「민법」의 적용을 받게 된다. 그리고 환산보증금이 일정 금액 이하인 임차인을 보호하기 위해 「상가건물 임대차보호법」을 특별법으로 두어 임차인을 보호하고 있다. 「상가건물 임대차보호법」에서 일정 금액 이하라고는 하지만 실제 일정 금액 이상의 임대차계약에도 대부분 법이 적용되어 임차인을 보호하게 된다.

　그동안 소상공인 자영업과 관련된 실무를 수행하면서 사업자들이 알지 못해서 큰 피해를 볼 수 있는 것이 임대차계약 관련 사항이라는 것을 알 수 있었다. 왜냐면 임대차계약은 사람과의 관계에서 일어나기 때문이다. 그리고 임대차에 관한 사항들에 대해서는 준비가 되지 않아 문제가 발생한 다음에 해결하려 하기 때문이다. 사람과의 관계이기 때문에 임차인과 임대인의 대응에 따라, 정황에 따라 결과는 많이 다르게 나타나게 된다. 임차인을 보호하는 법을 들어 임대인에게 주장을 해 보지만 정확한 정보나 지식이 없어 대응이 어렵고, 임차인의 주장에 임대인은 법대로 하자며 으름장을 놓게 된다. 그럴 때 임차인은 과연 내가 맞는 것인가?, 괜히 잘못했다가 더 큰 손해가 발생하는 것은 아닌가? 하는 생각에 뒷걸음질하게 된다. 물론 변호사를 찾아갈 수도 있을 것이다. 하지만, 소상공인 관련 사건은 금액이 많지 않고, 이해관계가 복잡해 변호사들도 관심을 두지 않는 분야여서 문의조차 어려운 게 사실이다.

임대인과 임차인의 관계에서 일어날 수 있는 수많은 문제를 임대차계약서 한 장에 담을 수는 없다. 목소리 크고 힘이 센 누구의 말이 우선되어서도 안 될 것이다. 계약서에 담지 못한 내용은 법의 판단을 받을 수밖에 없는데, 법으로 가는 것은 모두에게 득이 될 것이 없다. 빈대 잡으려다 초가삼간 태우는 격이 될 수도 있기 때문이다. 사업과 임대차는 관련이 없는 듯하지만, 상가건물의 임대차관계가 흔들리면 사업 전체에 영향을 주어 사업 자체가 흔들릴 수 있다. 미리 알고 있다면 분쟁을 예방할 수 있고, 분쟁이 발생하더라도 슬기롭게 해결할 수 있을 것이다.

이 책이 필요한 이유는 돈을 벌기 위해 상가건물을 임차해 사업을 시작한 사장님도 "알아야 산다!"는 것이다.

책을 통해 실제 현장에서 빈도가 높게 발생할 수 있는 문제를 사례를 들어 설명하였고, 상가건물을 임차하여 사업을 하는 소상공인 자영업자라면 알고 있어야 할 내용을 중점적으로 소개하였다.

소상공인 자영업 운영에서 문제가 없으면 좋겠지만, 만일 문제가 발생한다면 도움이 되기를 바라는 마음이다.

목 차

서문

상가건물 임대차계약에 따른
권리와 의무

상가건물 원상회복

「상가건물 임대차보호법」의 적용

임대차계약

임대차계약의 종료

계약갱신요구와 거부

임대료 지급과 증감청구

권리금과 권리금반환

상가건물 권리분석

임대인이 보증금을 돌려주지 않아요

상가건물 임대차계약에 따른 권리와 의무

건물 누수로 인한
책임은 누구에게 있나

Q. 건물이 오래되거나 잘 못 지어진 건물의 경우 누수가 발생할 수 있다. 물은 아래로 흘러가기 때문에 위층의 하자로 인해 아래층에 있는 상가에 누수가 발생하는 경우가 있다. 이때 아래층에서 영업을 하는 상가임차인은 누수로 인해 인테리어나 집기 등에 손해가 발생하게 되는데 누구의 책임일까?

상가의 임차인은 사용 목적에 따라서 상가를 사용하고, 그에 따라 월차임을 지급하게 되므로, 그 상가의 활용 목적을 충족하지 못하게 되면, 「민법」 제623조(임대인의 의무) "임대인은 목적물을 임차인에게 인도하고, 계약 존속 중 그 사용, 수익에 필요한 상태를 유지하게 할 의무를 부담한다."에 따라, 기본적인 활용 목적에 부합하도록 수선할 책임은 임대인에게 있다.

예를 들어, 임차인이 상가에 입점하면서 인테리어를 새로 하였는데, 누수가 발생해서 인테리어(재산)상의 손해가 발생하고, 그로 인한 영업을 하지 못한 경우, 임대인에게 손해배상청구가 가능하다.

상가건물 임대차계약에 따른 권리와 의무

중요한 것은 임차인이 손해배상을 청구할 때, 누수에 대한 과실이 임차인에게 없음을 입증하여야 하며, 손해배상청구액은 보수공사 비용과 일실수익(일실수입), 누수로 인한 재산상 피해로 구성하면 되고, 그 금액을 명확하게 제시해야 할 것이다.

그러므로 손해배상청구를 위해 임차인의 과실이 없음과 손해에 관한 증빙 자료 확보가 매우 중요할 것이다.

I 임대인의 상가건물을 사용 · 수익하게 할 의무

임대인은 임차인이 목적물인 상가건물을 사용 · 수익할 수 있도록 해야 한다(「민법」 제618조).

이를 위해 임대인은 상가건물을 임차인에게 인도해야 하고, 임차인이 임대차기간에 그 상가건물을 사용 · 수익하는 데 필요한 상태를 유지할 수 있도록 수선을 해 주어야 한다(「민법」 제623조).

그러나 임대인은 상가건물의 파손 · 장해의 정도가 임차인이 별 비용을 들이지 않고도 손쉽게 고칠 수 있을 정도의 사소한 것이어서 임차인의 사용 · 수익을 방해할 정도의 것이 아니라면 그 수선의무를 부담하지 않는다. 다만, 그것을 수선하지 않아 임차인이 정해진 목적에 따라 사용 · 수익할 수 없는 상태라면 임대인은 그 수선의무를 부담하게 된다(대법원 2004다2151 판결).

임대인의 수선의무는 특약 때문에 면제하거나 임차인의 부담으로 돌릴 수 있다. 그러나 특별한 사정이 없으면 건물의 주요 구성 부분에 대한 대수선, 기본적 설비 부분의 교체 등과 같은 대규모의 수선에 대해서는 임대인이 그 수선의무를 부담한다(대법원 94다34692 판결).

예를 들어, 상가건물의 벽이 갈라져 있거나 비가 새는 경우, 낙뢰로 인한 상가건물의 화재 발생 등 천재지변 또는 어쩔 수 없는 사유로 상가건물이 파손된 경우 등에는 임대인이 수리해야 한다.

임차인은 임대인이 상가건물을 수선해 주지 않는 경우 손해배상을 청구할 수 있고, 상가건물 임대차계약을 해지하거나 파손된 건물의 수리가 끝날 때까지 차임의 전부 또는 일부의 지급을 거절할 수 있다(대법원 96다44778 판결).

임대인은 임차인이 실수로 상가건물을 파손한 때도 상가건물을 수리해 주어야 한다. 이 경우 임대인은 상가건물을 수리해 주고, 임차인에게 손해배상을 청구하거나 상가건물파손을 이유로 계약을 해지할 수 있다.

비로 인한
누수의 책임

Q. | 최근 이상 기후로 인해 단시간에 비가 집중적으로 내리는 경우가
종종 발생하고 있다. 임대인의 잘못은 아니지만 그렇다고 임차인
의 잘못도 아니다. 만일 비가 많이 와서 상가가 물에 잠겼을 경우
상가의 임차인은 임대인에게 배상 요구가 가능할까?

비나 눈이 많이 오는 등 자연 현상에 따른 천재지변의 경우에는
임대인에게 청구는 어렵게 된다. 자연 현상에 따른 천재지변으로
인해 피해를 본 경우에는 전기 등 기본 시설물들은 임대인에게 수
선에 대한 의무가 있지만, 임차인이 설치한 시설물에 대한 수선은
임차인 부담으로 할 수밖에 없다.

실무적으로는 천재지변으로 인해 영업하지 못하는 기간에 해당
하는 임대료 감액을 요구하여 손해를 줄일 수 있을 것이다.

임대인은 권리의 하자로 인하여, 임차인이 상가건물을 사용·수익할 수 없게 되거나, 상가건물의 자체에 하자가 있어 계약에 따른 사용·수익을 할 수 없게 된 경우에는 임차인에게 담보책임을 부담해야 한다(「민법」 제567조).

임차인은 임차상가건물에 하자가 있어 상가건물을 사용·수익할 수 없게 된 경우에는 임대인에게 하자 수선을 청구하고(「민법」 제623조·제580조), 상가건물을 사용·수익할 수 없게 된 부분만큼의 차임 또는 임대차보증금의 감액을 청구하며(「민법」 제627조 제1항), 남은 부분의 상가건물로 상가건물 임대차의 목적을 달성할 수 없을 때는 상가건물 임대차계약을 해제할 수 있다(「민법」 제627조 제2항).

상가 관리비도
인상제한이 있는지

Q. 물가상승 등을 이유로 임대인이 관리비를 20% 올리겠다고 하는
데 관리비는 인상제한이 없는지?

「상가건물 임대차보호법」은 차임이나 보증금의 경우에는 증액의
비율을 5% 이내로 제한하는 규정과 증액의 시기를 임대차계약 또
는 증액 후 1년 경과 후로 제한하는 규정을 두고 있다. 하지만 관리
비에 관하여는 아무런 규정을 두지 않고 있다.

임대인이 관리비 인상을 요구하는 경우 임차인이 이에 응해야 할
의무는 없다. 관리비 인상에 관하여 임대차계약서, 정관 또는 규약
에서 정하지 않거나 별도로 약정하지 않았다면, 임대인과 임차인은
물가나 인건비 인상, 주변 건물관리비 수준 등을 고려해서 인상 폭
이나 시기 등을 협의하고 결정해야 한다.

만일 임대인의 요구대로 올려 주지 않더라도 법적인 불이익은 없

다. 임차인은 임대인에게 관리비 인상 근거 등을 요구할 수 있을 것이고 이유가 타당하다면, 임대차계약의 다른 조건들을 종합적으로 고려하여 상호 협의 해서 조정하는 것이 좋을 것이다.

상가건물 임대차계약에 따른 권리와 의무

상가에 도둑이 들어 문을
파손하였는데 누가 수리해야 하나

Q. | 상가에 도둑이 들어 문을 파손하고, 물건을 훔쳐 갔는데 파손된
문을 누가 수리해야 할까?

임대인은 임대목적물을 임차인에게 인도하고 계약 존속 중 그 사용, 수익에 필요한 상태를 유지하게 할 의무를 부담한다.

만일 임차인의 과실 없이 임차물 일부가 파손되었다면 임대인이 책임을 져야 할 것이다. 하지만 임대인이 임차인의 안전을 배려하거나 도난을 방지하는 등의 보호의무까지는 부담한다고 볼 수는 없을 것이다.

파손된 출입문은 임차인의 과실이 없고 특별한 사유가 없다면 임대인에게 수선을 요구할 수 있을 것이다.

계약 후 영업 중인데
환풍기가 고장 났다면
수리는 누가 해야 하나

Q. 2년 넘게 임차하고 있는 상가 내의 환풍기가 고장 났다면 임대인과 임차인 누가 수리를 해야 하나?

임대인은 목적물을 임차인에게 인도하고 계약 존속 중 그 사용, 수익에 필요한 상태를 유지하게 할 의무를 부담한다.

임차인의 고의 또는 과실 없이 환풍기가 고장이 났을 때, 임대인은 감가상각비나 수선비 등의 필요경비 상당을 임대료에 포함해 이를 받기 때문에, 특별한 사유가 없는 한 일반적으로 임대인이 그 수선 책임을 져야 할 것이다.

건물이 낡아 상가에서 안전사고가 나면 책임은 누가

Q. 건물의 부분 붕괴나 낡은 시설 때문에 안전사고가 발생할 경우, 누가 책임을 져야 하는지?

상가건물 임대차계약에서 임대인은 사용·수익에 필요한 수선의무를 부담해야 한다. 따라서 임차인의 과실이 있는 등의 특별한 경우가 아니라면 임대인은 수선의무 불이행에 따른 사고의 책임을 져야 할 것이다.

I 임차상가건물의 사용·수익에 따른 의무

임차인은 계약이나 임차상가건물의 성질에 따라 정해진 용법으로 이를 사용·수익해야 할 의무를 부담한다. 임차인은 임대차계약 기간 동안 임차상가건물을 선량한 관리자의 주의로 이를 보존해야 한다.

임차인은 임차상가건물의 수선이 필요하거나 그 상가건물에 대하여 권리를 주장하는 사람이 있을 때는 임대인에게 통지해야 한다. 다만, 임대인이 이미 그 사실을 알고 있는 경우에는 통지하지 않아도 된다.

임차인은 임대인이 임차상가건물의 보존에 필요한 행위를 하는 때에는 이를 거절하지 못한다. 다만, 임대인이 임차인의 의사에 반하여 보존행위를 하는 경우 이로 인해 임차의 목적을 달성할 수 없는 때에는 계약을 해지할 수 있다.

▌ 임차인의 통지의무

임차물의 수리를 필요로 하거나 임차물에 대하여 권리를 주장하는 자가 있는 때에는 임차인은 지체 없이 임대인에게 이를 통지하여야 한다.

그러나 임대인이 이미 이를 안 때에는 그렇지 않다.

상가건물 임대차계약에 따른 권리와 의무

| 임대인의 방해제거의무

  상가건물 임대차계약을 체결한 후 임대인이 상가건물을 임차인에게 인도하였으나, 여전히 종전의 임차인 등 제3자가 상가건물을 계속 사용·수익하는 등 새로운 임차인의 상가건물에 대한 사용·수익을 방해하는 경우 임대인은 그 방해를 제거하도록 노력해야 한다(「민법」 제214조 및 제623조 참조).

비가 많이 와 누수가 심한데 책임은 누구에게 있을까

Q. | 비가 많이 와서 누수가 심한데 주인은 책임이 없다고 하는데 어떻게 해야 할까?

먼저 누수와 관련된 전문 업체에 의뢰해서 원인이 무엇인지를 알아야 할 것이다. 누수 원인이 건물의 하자라는 전문 업체의 의견이 있다면 임대인에게 수리를 요구해야 한다.

만일 임대인에게 수리를 요구해도 건물주가 수리하지 않는다면, 임차인은 건물주에게 내용증명서를 작성하여 우편으로 고지한 후에 직접 전문 업체를 통해 수리한 후에 그 비용을 임대인에게 청구할 수 있다.

그런데 건물의 구조상 문제로 수리가 불가하다는 진단이 나온다면, 이때는 임대인에게 손해배상을 청구할 수밖에 없다. 그리고 누수 문제가 심각해 도저히 임차목적을 달성할 수 없을 정도라면 계약해지와 동시에 손해배상을 요구해야 할 것이다.

⏐ 임차인의 상가 사용 · 수익권

상가건물을 임대차계약 하면 임차인이 갖는 가장 중요하고 당연한 권리는 상가건물을 사용·수익할 수 있는 것이다. 임차인은 상가건물을 사용하고 수익할 수 있는 권리를 취득한다. 이를 위해 임대인에게 상가건물을 인도해 줄 것과 그 임차기간에 사용·수익에 필요한 상태를 유지해 줄 것을 청구할 수 있다.

이때 임차인이 제3자에게 임차권을 주장하려면, 사업자등록과 같은 대항력을 취득하거나 임대차등기를 해야 한다. 대항력은 임차한 물건이 경매나 공매 등으로 매각이 되면 임차인의 보증금을 보호하는 수단으로 이용할 수 있다. 상가건물임차인이 대항력을 확보하기 위하여는 점포(사업장)의 점유와 사업자등록과 확정일자가 필요하다.

사업자등록은 세무서에서 할 수 있으며 사업자등록을 하는 데 필요한 임대차계약서에 확정일자를 신청하면 세무서 직원이 등록해 준다. 보통 주택의 경우 동사무소에서 주민등록 전입신고를 하고 확정일자를 받는 것과 같다고 보면 이해가 쉬울 것이다.

임대인 동의 후 낡은 창문 등을 수리했는데 비용을 청구할 수 있을까

Q. | 임대차계약 후 임대인의 동의를 받아 낡은 창문, 현관문 등을 교체하고 내부시설을 수리했는데 계약을 해지할 때 비용을 청구할 수 있을까?

임차한 점포의 임대차계약이 종료되면 임차인은 점포의 내부를 원래 상태로 회복하여 임대인에게 반환해야 한다.

임차인이 자기의 영업에 필요한 시설에 지출한 비용은 특별한 사정이 없으면 임대인에게 청구할 수 없다. 하지만, 임차인은 임차물을 개량함으로써 임차물의 객관적 가치를 증가시키는 데 투입한 비용을 임대차 종료 시에 그 가액의 증가액을 유익비로 임대인에게 청구할 수 있다.

임차인이 설치한 자동문의 설치비용이 유익비로 인정되고 당사자 간 별도의 약정이 없다면, 임차인은 그 비용의 전부 또는 일부를

상가건물 임대차계약에 따른 권리와 의무

임대인에게 청구할 수 있다.

임차인은 임차물의 보존을 위하여 지출한 비용을 임대인에게 청구할 수 있다. 그리고 임차물의 객관적 가치를 증가시키기 위해 투입한 비용을 지출한 경우, 임차인은 임대차 종료 시에 그 가액의 증가가 현존할 때 한하여 임차인이 지출한 금액이나 그 증가액을 청구할 수 있다.

하지만, 임차인이 자기의 영업에 필요한 시설에 관한 지출한 비용은 특별한 사정이 없으면 임대인에게 청구할 수 없다.

실무에서 시설 보수비용 청구 여부는 임대인과 임차인의 계약 내용 및 임차인이 교체한 시설 등이 임차인의 영업을 위한 것인지, 다른 임차인도 사용하는 데 필요한 것인지, 임차물의 객관적 가치를 증가시킨 것인지 등에 따라 달라진다.

| 부속물매수청구권 또는 철거권

임차인이 상가건물의 사용을 편하게 하려고 임대인의 동의를 얻어 부속한 물건이 있는 경우 임대차 종료 시에 임대인에게 그 부속물의 매수를 청구할 수 있으며, 임대인으로부터 매수한 부속물에 대해서도 그 매수를 청구할 수 있다.

임차인은 부속물을 임대인에게 매도하지 않으면 상가건물을 반환할 때 부속물을 철거할 수 있다.

※ 이는 편면적 강행규정이며, 일시사용을 위한 임대차에는 적용되지 않는다.

| 필요비상환청구권

임차인은 상가건물의 사용 시 필요비를 지출한 경우 비용이 발생한 즉시 임대인에게 그 비용을 청구할 수 있다.

※ 필요비란, 임대차계약이 목적에 따라 임차상가건물을 사용 · 수익하는 데 적당한 상태를 보존, 유지하는 데 필요한 모든 비용을 말한다. 여기에는 임대인의 동의 없이 지출한 비용도 포함된다.

〈전세권자의 필요비상환청구권〉

※ 전세권의 경우
전세권자는 그 부동산의 현상을 유지하고 통상의 관리에 필요한 수선을 해야 한다(「민법」 제309조).

따라서 전세권자는 상가건물의 통상적 유지와 관리를 위해 필요비를 지출한 때도 그 비용의 상환을 청구할 수 없다.

상가건물 임대차계약에 따른 권리와 의무

┃ 유익비상환청구권

임차인이 상가건물에 대해 유익비를 지출한 경우에는 임대인은 임대차계약이 만료되고 그 가액의 증가가 현존하면 임차인이 지출한 금액이나 그 증가액을 상환해야 한다.

※ 유익비란 임차인이 임차물의 객관적 가치를 증가시키기 위해 투입한 비용을 말한다.

┃ (토지임대차의 경우) 갱신청구권 및 지상물매수청구권

건물이나 기타 공작물의 소유 또는 식목, 채염, 목축을 목적으로 한 토지임대차의 기간이 만료한 경우에 건물, 수목 기타 지상시설이 현존한 때에는 임차권자는 계약의 갱신을 청구할 수 있으며, 임대인이 계약의 갱신을 원하지 아니하는 때에는 임차권자는 상당한 가액으로 매수를 청구할 수 있다.

※ 이는 편면적 강행규정임.

┃ 비용상환의무

임대인은 임차인이 임차물의 보존에 관한 필요비를 지출한 때에는 그 비용을 상환해 주어야 하며, 임차인이 유익비를 지출하여 임대차 종료 시에 그 가액의 증가가 현존한 때에 한하여 임차인이 지출한 금액이나 그 증가액을 상환해 주어야 할 의무가 있다.

이 경우 법원은 임대인의 청구에 의하여 상당한 상환기간을 허용할 수 있다(「민법」 제626조).

상가 전기 승압 비용은
누가 부담하지

Q. 임차한 상가에 전기 승압이 필요한 경우 공사 비용은 누가 부담해야 할까?

임대인은 임대차계약 존속 중 임차인의 사용, 수익에 필요한 상태를 유지하게 할 의무를 부담한다. 그리고 임차인은 임차물의 객관적 가치를 증가시키기 위하여 투입하는 비용을 임대인에게 청구할 수 있다.

하지만 임차인은 임차인의 영업을 위한 시설에 필요한 투입 비용까지 청구할 수는 없다.

임대차계약 내용에 전기 승압과 관련한 특별한 약정이 없고, 보편적으로 누구나 유익하게 사용할 수 있는 전기 승압이라면, 임차인은 임대인에게 그 비용의 전부 또는 일부를 청구할 수 있을 것이다.

실무에서 비용의 부담에 관하여는 양 당사자가 합리적으로 협의해야 할 것이다.

상가건물 임대차계약에 따른 권리와 의무

상가에 누수가 있어 임대인에게 수리를 요구하였는데 이행이 없을 때

Q. 임대차계약 후 상가에 누수가 있어 임대인에게 수리를 요구하였고, 임대인은 수리하겠다고 하고 차일피일 미루고 있는데 계약해지와 손해배상청구가 가능한지?

상가에 누수가 있으나 상가를 완전히 정상적으로 사용할 수 없는 상태까지 이르지 않는다면 계약해지는 어려울 것이다.

하자보수의 경우 임대인이 수리하지 않는다면, 임대인에게 지속적으로 요청한 후, 임차인이 비용을 들여 공사 후 임대인에게 지급을 청구할 수 있다.

│ 계약해지권 (일부 멸실의 경우)

임차인은 임차상가건물의 일부가 임차인의 과실 없이 멸실, 그 밖의 사유로 사용·수익할 수 없게 되면 그 부분만큼 비율에 따라 차임의 감액을 청구할 수 있다. 이 경우 그 잔존 부분으로 임차의 목적을 달성할 수 없게 되면 임차인은 계약을 해지할 수 있다.

※ 이는 편면적 강행규정이며, 일시사용을 위한 임대차에는 적용되지 않는다.

상가건물 임대차계약에 따른 권리와 의무

임차인은
상가 장기수선충당금을
돌려받을 수 있을까

Q. 집합 건축물에 부과되는 관리비에서 장기수선충당금은 누가 부담해야 할까?

「공동주택관리법」은 공동주택의 관리 주체가 공동주택 소유자로부터 장기수선충당금을 징수하여 적립하도록 정하고 있는데, 집합상가건물 등에서는 소유자에게 장기수선충당금을 부과할 법령상 근거가 없어 집합상가건물의 구분소유자와 임차인이 협의해서 결정하게 된다.

「집합건물의 소유 및 관리에 관한 법률」이 2021년 2월 5일 개정되어 시행됨에 따라, 집합건물에서 장기수선충당금인 수선적립금은 건물관리단이 구분소유자로부터 징수하고(「집합건물법」 제 17조의2 제3항), 구분소유자는 수선적립금을 점유자가 대신하여 납부한 경우에는 그 금액을 점유자에게 지급해야 한다(「집합건물법 시행령」제5조의4 제4항).

실무에서 법 개정 전의 임대차관계에서는 관계가 매우 모호할 수 있으나, 유권해석을 통해 임대인(소유자)이 내야 한다는 게 일반적이다. 그러므로 집합건물인 상가건물의 임차인은 수선적립금을 납부할 법률상 의무가 없다.

▍수선적립금(「집합건물법」)

① 관리단은 규약에 달리 정한 바가 없으면 관리단집회 결의에 따라 건물이나 대지 또는 부속시설의 교체 및 보수에 관한 수선계획을 수립할 수 있다.

② 관리단은 규약에 달리 정한 바가 없으면 관리단집회의 결의에 따라 수선적립금을 징수하여 적립할 수 있다. 다만, 다른 법률에 따라 장기수선을 위한 계획이 수립되어 충당금 또는 적립금이 징수 · 적립된 경우에는 그러하지 아니하다.

③ 수선적립금은 구분소유자로부터 징수하며 관리단에 귀속된다.

상가건물 임대차계약에 따른 권리와 의무

판례

계약 종료 후 관리비 부담 주체

[대법원 2021. 4. 1., 선고, 2020다286102, 286119, 판결]

【판시사항】

[1] 임대차계약이 종료된 후 임대차보증금이 반환되지 않은 상태에서 임차인이 임대차목적물을 사용·수익하지 않고 점유만을 계속하고 있는 경우, 임대차목적물 인도 시까지의 관리비를 부담하는 자(=임대인)

[2] 甲이 乙 주식회사와 상가건물 임대차계약을 체결한 다음 식당을 운영하다가 폐업하였고, 그 후 3기 이상의 차임 연체를 이유로 임대차계약이 해지되었으나 甲이 건물 인도 전까지 하루씩 두 차례 위 건물에서 丙 단체의 행사를 개최하였는데, 乙 회사가 甲을 상대로 건물 인도 시까지의 관리비 전부의 지급을 구한 사안에서, 甲은 임대차계약 종료 시까지의 관리비와 임대차계약 종료 이후 건물을 사용·수익한 2일분에 해당하는 관리비를 지급할 의무가 있을 뿐 나머지 기간의 관리비를 지급할 의무는 없다고 한 사례

경매과정에서 임대인이 변경되었을 경우
이미 발생한 연체 차임,
관리비 등의 부담은 누구에게 있는지

[대법원 2017. 3. 22., 선고, 2016다218874, 판결]

【판결요지】

　「상가건물 임대차보호법」 제3조는 '대항력 등'이라는 표제로
제1항에서 대항력의 요건을 정하고, 제2항에서 "임차건물의 양
수인(그 밖에 임대할 권리를 승계한 자를 포함한다)은 임대인
의 지위를 승계한 것으로 본다."라고 정하고 있다. 이 조항은 임
차인이 취득하는 대항력의 내용을 정한 것으로, 상가건물의 임
차인이 제3자에 대한 대항력을 취득한 다음 임차건물의 양도 등
으로 소유자가 변동된 경우에는 양수인 등 새로운 소유자(이하
'양수인'이라 한다)가 임대인의 지위를 당연히 승계한다는 의미
이다. 소유권 변동의 원인이 매매 등 법률행위든 상속·경매 등
법률의 규정이든 상관없이 이 규정이 적용된다. 따라서 임대를
한 상가건물을 여러 사람이 공유하고 있다가 이를 나누기 위한
경매절차에서 건물의 소유자가 바뀐 경우에도 양수인이 임대인
의 지위를 승계한다.

위 조항에 따라 임차건물의 양수인이 임대인의 지위를 승계하면, 양수인은 임차인에게 임대보증금반환의무를 부담하고 임차인은 양수인에게 차임지급의무를 부담한다. 그러나 임차건물의 소유권이 이전되기 전에 이미 발생한 연체 차임이나 관리비 등은 별도의 채권양도절차가 없는 한 원칙적으로 양수인에게 이전되지 않고 임대인만이 임차인에게 청구할 수 있다. 차임이나 관리비 등은 임차건물을 사용한 대가로서 임차인에게 임차건물을 사용하도록 할 당시의 소유자 등 처분권한이 있는 자에게 귀속된다고 볼 수 있기 때문이다.

임대차계약에서 임대차보증금은 임대차계약 종료 후 목적물을 임대인에게 명도할 때까지 발생하는, 임대차에 따른 임차인의 모든 채무를 담보한다. 따라서 이러한 채무는 임대차관계 종료 후 목적물이 반환될 때에 특별한 사정이 없으면 별도의 의사표시 없이 보증금에서 당연히 공제된다. 임차건물의 양수인이 건물 소유권을 취득한 후 임대차관계가 종료되어 임차인에게 임대차보증금을 반환해야 할 때 임대인의 지위를 승계하기 전까지 발생한 연체 차임이나 관리비 등이 있으면 이는 특별한 사정이 없으면 임대차보증금에서 당연히 공제된다. 일반적으로 임차건물의 양도 시에 연체 차임이나 관리비 등이 남아 있더라도 나중에 임대차관계가 종료되는 경우 임대차보증금에서 이를 공제하겠다는 것이 당사자들의 의사나 거래 관념에 부합하기 때문이다.

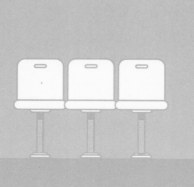

상가건물
원상회복

임대차계약 후
낡은 창문을 교체했는데
원상회복을 어떻게 하나

Q. 임대인의 동의를 받아 낡은 창문과 현관문 등을 교체했는데 임대
차계약해지 시 원상복구는 어떻게 해야 할까?

낡은 창문을 새것으로 교체한 경우 특별한 사정이 없으면 낡은
창문으로 다시 교체하는 것은 일반적인 사회 통념을 벗어나는 것으
로서 당사자가 합리적으로 협의해야 할 것이다.

Ⅰ 임차상가건물의 반환의무 및 원상회복의무

임차인은 임대차계약을 종료하면 임대인에게 그 상가건물을 반
환해야 한다. 이 경우 임차상가건물을 원래의 상태로 회복하여 반
환해야 한다.

임차인의 상가건물 반환의무 및 원상회복의무가 이행불능이 된
경우 그 이행불능으로 인한 손해배상책임을 면하려면 그 이행불능

이 임차인 자신의 귀책사유로 말미암은 것이 아님을 입증할 책임이 있고, 임차건물이 화재로 훼손된 경우 그 화재의 발생원인이 불명인 경우에도 임차인이 그 책임을 면하려면 그 임차건물의 보존 시 선량한 관리자의 주의의무를 다하였음을 입증해야 한다.

상가 장판이 오염되었고 조금 파손되었는데 원상회복은

Q. | 상가 임대차계약이 종료되어 계약을 해지하는데 바닥의 장판이 오염되었고, 조금 파손되었다면 임차인이 수리비를 부담해야 할까?

일반적으로 임대인은 임차물의 감가상각비나 수선비 등의 필요경비 상당을 임대료에 포함하여 임차인으로부터 받는다. 그래서 임차인이 통상적인 방법으로 사용, 수익한 후 생기는 임차목적물의 상태 악화는 당사자 간 별다른 약정이 없는 한 임대인이 부담한다.

하지만, 임차인의 귀책사유로 임차물이 훼손되었다면 임차인이 수리 책임을 져야 할 것이다.

실무에서 바닥재의 변색 및 파손이 임차인의 통상적인 사용으로 생긴 것이라면 수리에 따른 비용은 임대인이 부담해야 할 것이고, 임차인의 과실로 인한 것이면 임차인이 부담해야 할 것이다.

임차인은 원칙적으로 임대물을 반환할 때 이를 원상회복해서 반환할 의무가 있다. 또한, 부속시킨 물건을 철거할 수 있다(「민법」 제654조에 따른 제615조의 준용).

계약 또는 목적물의 성질에 위반한 사용, 수익으로 인해 생긴 손해나 임대인이 지출한 비용이 있는 경우, 임대인은 손해배상청구 또는 비용상환청구를 할 수 있다. 이러한 청구는 임차인으로부터 임차물을 반환받은 날로부터 6개월 이내에 해야 한다(「민법」 제654조에 따른 제617조의 준용).

원상복구를 했는데
임대인이 완벽하지 않다고
보증금에서 차감할 수 있나

Q. 임차인이 계약을 해지하며 원상복구를 하였는데 임대인은 원상복
구가 되지 않았다는 이유로 일방적으로 보증금에서 원상복구비용
을 공제할 수 있을까?

부동산 임대차에 있어서 임차인이 임대인에게 지급하는 임대차
보증금은 임대차관계가 종료되어 목적물을 반환하는 때까지 그 임
대차관계에서 발생하는 임차인의 모든 채무를 담보한다.

그래서 임대인은 임차인이 원상복구의무를 다하지 않았을 때 임
차인이 부담할 원상복구비용 상당의 손해배상액을 반환할 임대차
보증금에서 당연히 공제할 수 있다.

하지만, 임차인이 원상복구의무를 다했음에도 불구하고 임대인이
일방적으로 보증금에서 원상복구비용을 공제했다면, 임차인은 임
대인에게 받지 못한 보증금반환을 요구할 수 있다.

임대인은 임대물의 보존을 위해 필요한 행위를 할 수 있다. 이때 임차인은 임대인에게 그러한 행위를 하지 못하도록 거절할 수 없다 (「민법」 제624조).

다만, 임대인의 보존행위로 인해 임차의 목적을 달성할 수 없었던 기간에는 차임의 지급을 거절할 수 있다(「민법」 제618조).

원상복구를 했는데 일부분이 되지 않았다고 보증금 전액을 돌려주지 않아도 되나

Q. 원상회복이 일부분 되지 않았다는 이유로 보증금을 돌려주지 않을 수 있을까?

이행되지 못한 원상회복 범위가 사소한 부분일 때, 임대인이 임대차보증금 전액을 반환하지 않는 것은 부당한 것이다. 임차인이 단지 원상회복의무의 일부분을 이행하지 아니한 채 상가건물을 반환한 경우, 임대인은 임차인이 원상회복의무를 불이행한 손해배상액 부분의 비율로 임대차보증금 일부를 반환 거부 할 수 있을 뿐이다.

임대인은 특별한 사유가 없다면 임대차보증금에서 임차인이 원상회복의무를 지체하고 있는 바닥공사 비용 등을 제외하고는 임차인에게 돌려주어야 할 것이다.

❙ 임대차보증금의 반환의무

임대인은 임대차기간의 만료 등으로 임대차계약이 종료되면 임차인에게 보증금을 반환해야 한다(대법원 87다카1315 판결).

권리금을 지급했다면
전 임차인의 시설까지
원상회복해야 하나

Q. | 권리금을 지급하고 사업장을 승계받아 임대인과 임대차계약을
체결했을 경우 전 임차인의 시설까지 철거하고 원상복구를 해야
할까?

임차인은 임대차 종료 시 목적물을 원상회복하여 반환할 의무가
있다. 그리고 원상회복에 관한 별도의 특약이 없는 한 임차인은 원
칙적으로 임차인이 개조한 범위 내에서 임차인이 임차받았을 때의
상태로 반환하면 된다.

하지만, 최근 권리금을 지급하였을 경우 이전 임차인의 시설까지
원상회복을 인정하는 판례가 있으므로 주의가 필요하다.

실무에서 기본적으로는 임차인은 본인이 입점할 당시의 상태가
원상복구의 기준이 되겠으나, 권리금을 지급한 경우 복잡해질 수
있으므로 실무적인 판단이 필요할 것이다.

임차인의 원상회복을 인정한 사례

[대법원 판결]

【판시사항】

[1] 임차인이 임차목적물을 수리하거나 변경한 경우, 임차목적물을 반환하는 때 수리·변경 부분을 철거하여 임대 당시의 상태로 사용할 수 있도록 해야 하는지 여부(원칙적 적극) 및 원상회복의무의 내용과 범위를 정하는 방법

[2] 甲 주식회사가 점포를 임차하여 커피전문점 영업에 필요한 시설 설치공사를 하고 프랜차이즈 커피전문점을 운영하였고, 乙이 이전 임차인으로부터 위 커피전문점 영업을 양수하고 丙 주식회사로부터 점포를 임차하여 커피전문점을 운영하였는데, 임대차 종료 시 乙이 인테리어시설 등을 철거하지 않자 丙 회사가 비용을 들여 철거하고 반환할 보증금에서 시설물 철거비용을 공제한 사안에서, 丙 회사가 비용을 들여 철거한 시설물이 乙의 전 임차인이 설치한 것이라고 해도 乙이 철거하여 원상회복할 의무가 있다고 보아 丙 회사가 乙에게 반환할 보증금에서 丙 회사가 지출한 시설물 철거비용이 공제되어야 한다고 판

단한 원심판결을 수긍한 사례

【판결요지】

[1] 임차인이 임대인에게 임차목적물을 반환하는 때에는 원상회복의무가 있다(「민법」 제654조, 제615조). 임차인이 임차목적물을 수리하거나 변경한 때에는 원칙적으로 수리 · 변경 부분을 철거하여 임대 당시의 상태로 사용할 수 있도록 해야 한다. 다만 원상회복의무의 내용과 범위는 임대차계약의 체결 경위와 내용, 임대 당시 목적물의 상태, 임차인이 수리하거나 변경한 내용 등을 고려하여 구체적 · 개별적으로 정해야 한다.

[2] 甲 주식회사가 점포를 임차하여 커피전문점 영업에 필요한 시설 설치공사를 하고 프랜차이즈 커피전문점을 운영하였고, 乙이 이전 임차인으로부터 위 커피전문점 영업을 양수하고 丙 주식회사로부터 점포를 임차하여 커피전문점을 운영하였는데, 임대차 종료 시 乙이 인테리어시설 등을 철거하지 않자 丙 회사가 비용을 들여 철거하고 반환할 보증금에서 시설물 철거비용을 공제한 사안에서, 임대차계약서에 임대차 종료 시 乙의 원상회복의무를 정하고 있으므로 丙 회사가 철거한 시설물이 점포에 부합되었다고 할지라도 임대차계약의 해석상 乙이 원상회복의무를 부담하지 않는다고 보기 어렵고, 丙 회사가 철거한 시설은 프랜차이즈 커피전문점의 운영을 위해 설치된 것으로서 점포를 그 밖의 용도로 사용할 경우에는 불필요한 시설이고, 乙이

비용상환청구권을 포기하였다고 해서 丙 회사가 위와 같이 한
정된 목적으로만 사용할 수 있는 시설의 원상회복의무를 면제
해 주었다고 보기 어려우므로, 丙 회사가 비용을 들여 철거한
시설물이 乙의 전 임차인이 설치한 것이라고 해도 乙이 철거하
여 원상회복할 의무가 있다고 보아 丙 회사가 乙에게 반환할 보
증금에서 丙 회사가 지출한 시설물 철거비용이 공제되어야 한
다고 판단한 원심판결을 수긍한 사례

임차인의 원상회복을 인정하지 않은 사례

[대법원 판결]

【판시사항】

가. 이미 시설이 되어 있던 점포를 임차하여 내부시설을 개조한 임차인의 임대차 종료로 인한 원상회복채무의 범위

나. 임차인이 임대차 종료로 인한 원상회복의무를 지체함으로써 임대인이 대신 원상회복을 완료한 경우 임대인이 입은 손해의 범위

【판결요지】

가. 전 임차인이 무도유흥음식점으로 경영하던 점포를 임차인이 소유자로부터 임차하여 내부시설을 개조·단장하였다면 임차인에게 임대차 종료로 인하여 목적물을 원상회복하여 반환할 의무가 있다고 하여도 별도의 약정이 없는 한 그것은 임차인이 개조한 범위 내의 것으로서 임차인이 그가 임차받았을 때의 상태로 반환하면 되는 것이지 그 이전의 사람이 시설한 것까지 원

상회복할 의무가 있다고 할 수는 없다.

　나. 임차인에게 임대차 종료로 인한 원상회복의무가 있는데도 이를 지체한 경우 이로 인하여 임대인이 입은 손해는 이행지체일로부터 임대인이 실제로 자신의 비용으로 원상회복을 완료한 날까지의 임대료 상당액이 아니라 임대인 스스로 원상회복을 할 수 있었던 기간까지의 임대료 상당액이다.

기존 임차인이 설치한
무단 증축도
원상회복해야 하나

Q. | 임대차계약 당시 기존에 임차인이 설치한 무단 증축을 모르고 입
점하였는데, 철거의무가 있을까?

임대차계약에 있어서 불법건축 부분은 임차목적물의 사용·수익에 직접 관련되는 중요사항이기 때문에, 임대인은 임차인에게 그 불법증축 부분 현황이나 향후 철거 대상 여부 등을 알릴 의무가 있다.

만일 이전의 임차인이 위반건축물에 대하여 아무 설명 없이 권리금을 수수하였고, 임대인도 위반건축물에 대해 알리지 않고 임대차계약을 체결하였다면, 임차인은 이전 임차인과 임대인에게 책임을 물을 수 있다.

장사가 안 되는데
보증금으로
월차임을 대신할 수 있나

Q. 코로나 이후 우리나라 자영업 시장은 급격하게 변화되고 있다. 온라인 시장으로 빠르게 변화되고 있고, 3년여 기간 동안 각종 모임, 회식 등이 중단되면서 자연스럽게 횟수가 줄고 만남의 시간도 줄게 되었다. 또한, 코로나로 인해 각 개인의 건강에 관한 관심이 늘고 건강을 위한 노력이 증가하면서 과거처럼 외부에서의 소비는 줄어들고 있는 게 현실이다.

직장인의 방문이 많은 먹자골목에서 삼겹살집을 운영하는 A 씨는 코로나 이후 매출이 감소하였고, 계속적인 누적으로 월세를 제때 지급하지 못하게 되었다. 임대인에게 미안한 마음에 그동안 밀린 차임을 임대차계약의 보증금으로 내겠다고 할 수 있을까?

임대차계약에서의 임대차보증금은 임차인이 목적물을 임대인에게 명도할 때까지 발생하는 임대차에 따른 임차인의 모든 채무를 담보하는 것으로서, 특별한 사정이 없으면 별도의 의사표시 없이 보증금에서 당연히 공제되어, 임대인은 임대차보증금에서 연체 차임 등 피담보채무를 공제한 나머지만을 임차인에게 반환할 의무가 있다(대법원 2005다8323, 8330 판결).

그러나 임대차보증금이 연체 차임 등 임대차관계에서 발생하는 임차인의 모든 채무가 담보된다고 하여 임차인이 그 보증금의 존재를 이유로 차임의 지급을 거절하거나 그 연체에 따른 채무불이행 책임을 면할 수는 없다(대법원 94다4417 판결).

❘ 차임지급의무

임차인은 임차상가건물에 대한 사용·수익의 대가로 임대인에게 차임을 지급해야 한다.

차임은 동산, 건물이나 대지에 대하여는 매월 말에, 기타 토지에 대하여는 매년 말에 지급하여야 한다. 그러나 수확기에 있는 것에 대하여는 그것을 수확 후 지체 없이 지급하여야 한다.

당사자 사이에 차임의 지급 시기에 관한 약정이 없는 경우에는, 매월 말에 지급하면 된다(「민법」 제633조).

여러 사람이 공동으로 상가건물을 임차하여 사용·수익하는 경우에는, 임차인 각자가 연대해서 차임지급의무를 부담하게 된다(「민법」 제654조에 따른 제616조의 준용).

차임은 임차물을 사용·수익하는 대가로 임대인에게 지급하는 것으로, 반드시 금전일 필요는 없으며 물건으로 지급해도 된다(「민법」 제618조).

임대인에게 임대목적물에 대한 소유권이나 그 밖의 임대권한이 없는 경우에도 임대차계약이 유효하게 성립하고, 이에 따라 임차인은 임대인의 의무가 이행불능으로 되지 않는 한 그 사용·수익의 대가로 차임을 지급할 의무가 있다(대법원 2008다38325 판결).

차임의 지급 시기는 임대차계약의 당사자가 자유롭게 정할 수 있으나, 당사자 사이의 지급 시기에 관한 특약이 없는 동산이나, 건물, 대지의 임대차인의 경우에는 매월 말에 차임을 지급해야 한다(「민법」 제633조).

가게가 좁아 불법으로 증축하였는데 임대인이 나가라고 하면

Q.　임차인은 창업하기 위해 많은 점포를 물색하였고, 상권과 입지가 적정한 점포를 발굴하였으나 점포 면적이 좁아 영업에 어려움이 있어 임대인의 동의를 얻어 가게를 넓게 사용하기 위해 불법으로 증축하였다. 그런데 임대인은 위반건축물을 이유로 계약해지를 요구하며 임차인의 계약갱신요구를 거부하고 있다. 임차인은 어떻게 할 수 있을까?

만일 임대차계약을 체결할 당시에 임차인이 가게 확장 등에 대해 아무런 말이 없다가, 임대차계약 후에 임대인의 동의를 받지 않고 위반건축물을 설치했다면, 그로 인해 발생하는 문제는 당연히 임차인 책임이 된다. 이에 대하여 임대인이 위반건축물에 대한 철거를 요구하였으나, 임차인이 요구를 거절하면 임대인은 계약을 해지할 수도 있을 것이다.

반면에 임대차계약을 체결할 당시에 임차인이 영업을 잘해 보기 위해 위반건축물을 설치하겠다고 하고 임대인의 동의를 얻은 다음에 위반건축물을 설치했다면, 이후에 임차인이 설치한 위반건축물로 인하여 발생되는 문제로 인해 임대인이 계약해지를 요구하거나 임차인의 계약갱신요구를 거절하기는 어려울 것이다.

하지만 임차인의 필요 때문에 설치한 위반건축물로 인한 문제에 대한 책임이 있을 것이다. 위반건축물로 인한 철거비용과 과태료 등에 대한 부담은 위반건축물을 설치한 임차인에게 있다고 할 것이다.

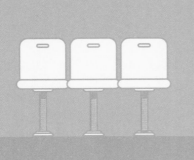

「상가건물 임대차 보호법」의 적용

소상공인 자영업자의
「상가건물 임대차보호법」의
적용 요건

Q. 상가건물임차인이 「상가건물 임대차보호법」으로 보호되는 상가
는 어떤 요건을 갖추어야 할까?

「상가건물 임대차보호법」은 사업자등록 대상이 되는 상가건물의
임대차 및 일정 범위에 해당하는 보증금액의 상가에만 적용된다.
또한, 상가의 주된 부분이 영업용으로 사용되어야 한다. 임차보증
금이 일정 금액 이하인 경우에만 「상가건물 임대차보호법」의 보호
를 받을 수 있다(「상가건물 임대차보호법」 제2조 제1항 및 「상가건물 임
대차보호법 시행령」 제2조 제1항).

「상가건물 임대차보호법」의 보호를 받는 상가건물은 등기가 되어
있지 않다고 하더라도 임차인이 상가건물의 인도와 사업자등록을
신청한 경우 그다음 날부터 제3자에 대해 대항력을 주장할 수 있다.
임대차계약서상의 확정일자를 관할 세무서장에게 부여받으면 임
차건물의 경매 또는 공매 시 그 건물의 환가대금에서 후순위권리자

「상가건물 임대차보호법」의 적용

나 그 밖의 채권자보다 우선하여 보증금을 변제받을 수 있다(「상가
건물 임대차보호법」 제3조 및 제5조 제2항).

｜「상가건물 임대차보호법」의 적용

「상가건물 임대차보호법」은 상가나 건물의 임차인을 보호하기 위
하여 제정된 특별법이다. 하지만 모든 상가와 건물의 임차인을 보
호해 주는 것은 아니고 구체적인 적용 범위에 관하여는 법에서 정
한 해당 지역의 경제여건 등을 감안하여 지역별로 규정하고 있다.

「상가건물 임대차보호법」이 보호하는 임차목적물은 사업자등록
의 대상이 되는 상가건물에 적용되고, 임대차목적물의 주된 부분을
영업용으로 사용하는 때도 적용된다. 「상가건물 임대차보호법」이
적용되는 상가건물의 임대차는 사업자등록의 대상이 되는 건물로
서 임대차목적물인 건물을 영리를 목적으로 하는 영업용으로 사용
하는 임대차를 가리킨다. 따라서, 단순히 상품의 보관·제조·가공
등 사실행위만이 이루어지는 공장·창고 등은 원칙적으로 영업용
으로 사용하는 경우라고 할 수 없으나 그곳에서 그러한 사실행위와
더불어 영리 행위를 목적으로 하는 활동이 함께 이루어진다면 「상
가건물 임대차보호법」의 적용대상인 상가건물에 해당한다. 상가건
물에 대해 등기를 하지 않은 전세계약에도 「상가건물 임대차보호
법」이 적용된다(「상가건물 임대차보호법」 제17조).

다만, 모든 상가건물 임대차에 적용되는 것은 아니고 상가건물 임대차위원회의 심의를 거쳐 지역별로 정해진 보증금 이하로 임차하는 경우에 적용되는 것으로서 지역별 보증금의 범위는 아래와 같다.

〈지역별 보증금의 범위〉

구분	보증금의 범위
서울특별시	9억 원 이하
「수도권정비계획법」에 따른 과밀억제권역(서울특별시 제외) 및 부산광역시	6억 9천만 원 이하
광역시(「수도권정비계획법」에 따른 과밀억제권역에 포함된 지역과 군지역, 부산광역시는 제외), 세종특별자치시, 파주시, 화성시, 안산시, 용인시, 김포시 및 광주시	5억 4천만 원 이하
그 밖의 지역	3억 7천만 원 이하

※ 과밀억제권역에 해당하는 지역은 인천광역시(강화군, 옹진군, 서구 대곡동·불노동·마전동·금곡동·오류동·왕길동·당하동·원당동, 인천경제자유구역 및 남동 국가 산업단지는 제외), 의정부시, 구리시, 남양주시(호평동·평내동·금곡동·일패동·이패동·삼패동·가운동·수석동·지금동 및 도농동에 한함), 하남시, 고양시, 수원시, 성남시, 안양시, 부천시, 광명시, 과천시, 의왕시, 군포시, 시흥시(반월특수지역을 제외)이다.

※ 위 보증금액은 2019년 4월 2일 이후 체결되거나 갱신되는 상가건물 임대차계약부터 적용된다.

보증금 이외에 차임이 있는 경우에는 월 단위의 차임액에 1분의

「상가건물 임대차보호법」의 적용

100을 곱하여 보증금과 합산한 금액이 임차보증금이다.

＊ 월차임을 보증금으로 환산

예) 보증금 1억 원 월차임 200만 원일 경우 보증금 1억 원 + (월차임 200만 원 × 100) = 3억 원(환산보증금)이 된다.

＊ 연납 월차임의 보증금 환산금액

예) 임대인의 요구로 보증금 1억에 1년 치 월차임을 선불로 2,400만 원을 지급하였을 시 환산보증금 적용은 보증금 1억 원 + (연납액 2,400만 원 ÷ 12개월 = 200만 원 × 100) = 3억 원(환산보증금)이 된다.

＊ 부가세와 관리비가 포함된 월차임

예) 월차임에 부가세와 관리비가 포함되어 있을 시 환산보증금은 월차임에 부가세와 관리비를 제외한 금액을 월차임으로 보고 환산하여 정한다.

대항력, 계약갱신의 요구 및 계약갱신의 특례, 권리금의 정의, 회수기회 보호 등 적용 제외, 평가기준의 고시 등 및 표준권리금계약서 작성 등, 계약갱신요구 등에 관한 임시 특례, 차임 연체와 해지, 표준계약서의 작성 등의 규정은 지역별로 정해진 보증금의 일정 기준금액을 초과하는 임대차에도 적용된다.

「상가건물 임대차보호법」은 상가건물 임대차에 관하여 「민법」에 대한 특례를 규정하여 국민 경제생활의 안정을 보장하는 것을 목적으로 한다.

상가건물 임대차계약에서는「민법」보다 우선하여 이 법을 적용하게 된다. 민사에 관하여 법률에 규정이 없으면 관습법에 따르고 관습법이 없으면 조리에 의하게 된다.「상가건물 임대차보호법」에서 규정이 없는 것에 대하여는「민법」의 적용이 된다.

「상가건물 임대차보호법」은 상가건물의 임대차에 대한「민법」의 특별법이다. 따라서, 상가건물 임대차에 대해서는「상가건물 임대차보호법」의 규정이「민법」보다 우선적으로 적용되고, 그 밖의 일반사항에 관해서는「민법」채권 편의 임대차에 관한 규정이 적용된다. 또한,「상가건물 임대차보호법」은 강행규정으로, 당사자의 의사와 관계없이 이 법의 규정을 위반한 약정으로 임차인에게 불리한 것은 그 효력이 없다(「상가건물 임대차보호법」제15조).

상가건물에 대한 미등기 전세의 적용

상가건물에 대해 등기를 하지 않은 전세계약에도「상가건물 임대차보호법」이 적용된다.

임대료가 고액일 경우
「상가건물 임대차보호법」적용

Q. 임대차계약의 임대료가 고액일 경우 「상가건물 임대차보호법」을
적용할 수 있을까?

지역별로 소재하는 상가건물이 지정된 환산보증금을 초과하는
경우 「상가건물 임대차보호법」이 적용되지 않는 것이 원칙이지만
(같은 법 제2조 제1항 단서), 일부 규정은 적용된다(같은 법 제2조 제
3항).

임차인으로서 10년의 범위에서 계약갱신요구권을 행사할 수 있
다(같은 법 제2조 제3항, 제10조 제2항). 또한, 임대인은 보증금이나
차임을 5% 초과해서 증액청구 할 수 있다(같은 법 제2조 제3항, 제10
조 제3항 본문).

환산보증금이 9억 원을
초과하는 상가의
「상가건물 임대차보호법」 적용

Q. 입점예정인 상가의 보증금과 월세의 환산보증금이 9억 원을 초과
해도 보증금을 보호받을 수 있을까?

임차인이 사업자등록을 마치고 확정일자를 받더라도 환산보증금이 일정 금액을 초과할 경우, 해당 상가건물의 경매가 진행되면 말소기준권리의 후순위에 있는 임차인은 우선변제권이 없다.

하지만 임차인의 대항력이 근저당, 가압류 등 경매의 말소기준권리보다 선순위일 경우, 경매의 낙찰자는 임대인의 지위를 승계하게된다. 이때 임차인은 종전 임대차계약 내용에 따라 임차물을 사용및 수익할 수 있고 임대차계약이 종료되면 경매 낙찰자에게 임대차보증금반환을 청구할 수 있어 보증금을 보호받을 수 있다.

법인인 소상공인 자영업자의 법 적용

Q. | 상가임차인이 법인일 경우에도 「상가건물 임대차보호법」 적용이 가능할까?

임차인이 법인이라도 상가임차인으로서 현행법의 보호를 받을 수 있다. 「상가건물 임대차보호법」에서는 임차인이 개인인가 법인인가를 구별하지 않는다. 사업자등록의 대상이 되는 임대차로서 임차인이 영업용으로 사용하는 건물이면 된다.

하지만 환산보증금이 일정 금액을 초과하면 5% 인상 한도와 우선변제권 등 일부 항목에 대해서는 보호 대상에서 제외된다.

환산보증금을 초과하는
상가의 보증금 보호

Q. 서울에서 보증금 2억 원에 월세 800만 원 하는 상가건물에 임대
차계약을 맺고 가게를 개점했다. 법에 따라 보증금을 보호받을 수
있을까?

보증금을 보호받으려면 전세권 또는 임차권을 설정해야 한다.

임차보증금이 9억 원 이하(서울특별시의 경우)인 경우에만 「상가
건물 임대차보호법」의 보호를 받을 수 있다. 따라서 사례와 같이 지
역별 보증금을 초과하는 고액 보증금[2억 원 + (800만 원 × 100)]
으로 상가건물을 임차하는 경우에는 「상가건물 임대차보호법」에
따라 보호받을 수 없으며, 「민법」에 따른 전세권 또는 임차권을 설
정해야 보호받을 수 있다.

전세권에 의한 임차보증금 보호를 받기 위해 전세권설정이 필요
한데 전세권은 상가건물 소유자와 전세권을 취득하려는 사람 사이
에 전세권설정을 목적으로 하는 물권적 합의와 등기 때문에 취득
한다. 전세금은 전세권을 설정하려는 당사자들이 자유롭게 정할 수

「상가건물 임대차보호법」의 적용

있으나, 등기된 금액의 범위 내에서만 제3자에게 대항할 수 있다.

그리고 「민법」의 임차권에 의한 임차보증금을 보호받을 수 있는데, 임대차는 원칙적으로 당사자의 합의, 즉 임대인은 임차인에게 상가건물을 사용·수익하게 하고, 임차인은 그 대가로 차임을 지급한다는 합의가 있으면 성립한다. 상가건물에 대한 임대차가 성립하면, 임차인은 그 건물을 사용·수익할 수 있으나, 제3자에게 대항하기 위해서는 임대차등기를 마쳐야 한다. 임차인은 임대차등기에 대한 반대약정이 없는 한 임대인에게 임대차등기절차에 협력할 것을 청구할 수 있다. 임차인이 임대차등기를 마친 때에는 그때부터 제3자에게 임차권을 주장할 수 있다.

상가가 아닌데 「상가건물 임대차보호법」 적용을 받을 수 있나

Q. | 현재 창고에서 영업하고 있는데 「상가건물 임대차보호법」의 보호를 받을 수 있을까?

「상가건물 임대차보호법」은 사업자등록의 대상이 되는 건물로서 그 전부 또는 주된 부분을 영업용으로 사용하는 경우에만 적용된다 (같은 법 제2조 제1항).

그런데, 상품의 보관 등 사실행위만이 이루어지는 창고 등으로서, 그곳에서 비영리적 행위와 더불어 영리를 목적으로 하는 수익사업·영업활동이 함께 이루어지지 않을 때는 「상가건물 임대차보호법」의 적용대상인 상가건물에 해당하지 않으므로(대법원 2011. 7. 28. 선고 2009다 40967 판결 참조), 「상가건물 임대차보호법」에 의한 보호를 받을 수 없고 「민법」의 규정이 적용될 뿐이다.

다만, 임차인이 해당 창고가 단순히 사실행위만 이루어지는 장소

「상가건물 임대차보호법」의 적용

가 아니라, 해당 창고에서 판매품 일부를 가공하거나 고객 유치에 활용하는 등 영업활동의 기반으로 활용한다면 「상가건물 임대차보호법」의 적용을 받을 수도 있을 것이다.

공장을 운영 중인데 「상가건물 임대차보호법」 적용이 되나

Q. 공장을 운영하고 있는데 「상가건물 임대차보호법」의 적용을 받을 수 있을까?

기본적으로 제조업은 「상가건물 임대차보호법」의 적용을 받을 수 없다. 하지만 「상가건물 임대차보호법」에서 적용되는 상가건물 임대차는 사업자등록 대상이 되는 건물로서 영리를 목적으로 하는 영업용으로 사용하는 임대차를 말한다고 되어 있다.

해석을 해 보면, 「상가건물 임대차보호법」이 적용되는 상가건물에 해당하는지는 공부상 표시가 아닌 건물의 현황·용도 등에 비추어 영업용으로 사용하느냐에 따라 실질적으로 판단하여야 한다는 것이다.

단순히 상품의 보관·제조·가공 등 사실행위만 이루어지는 공장·창고 등은 법 적용을 받을 수 없지만, 공장 내에서 상행위가 함

「상가건물 임대차보호법」의 적용

께 이루어진다면 「상가건물 임대차보호법」 적용이 된다. 따라서, 사업자등록을 마친 임차인이 해당 임차물의 주된 부분을 영업용으로 사용한다면 「상가건물 임대차보호법」 적용을 받을 수 있을 것이다.

판례

**임차인이 상가건물 일부를 임차하여 도금작업을 하면서
임차 부분에 인접한 컨테이너박스에서 도금작업의 주문을 받고
제품을 인도하여 수수료를 받는 등 영업활동을 해 온 사안에서,
위 임차 부분은 「상가건물 임대차보호법」이
적용되는 상가건물에 해당한다고 한 사례**

[대법원 2021. 12. 30., 선고, 2021다233730]

【판결요지】

[1] 「상가건물 임대차보호법」의 목적과 같은 법 제2조 제1항
본문, 제3조 제1항에 비추어 보면, 「상가건물 임대차보호법」이
적용되는 상가건물 임대차는 사업자등록 대상이 되는 건물로서
임대차목적물인 건물을 영리를 목적으로 하는 영업용으로 사용
하는 임대차를 가리킨다. 그리고 「상가건물 임대차보호법」이 적
용되는 상가건물에 해당하는지는 공부상 표시가 아닌 건물의
현황·용도 등에 비추어 영업용으로 사용하느냐에 따라 실질적
으로 판단하여야 하고, 단순히 상품의 보관·제조·가공 등 사
실행위만이 이루어지는 공장·창고 등은 영업용으로 사용하는
경우라고 할 수 없으나 그곳에서 그러한 사실행위와 더불어 영
리를 목적으로 하는 활동이 함께 이루어진다면 「상가건물 임대
차보호법」 적용대상인 상가건물에 해당한다.

[2] 임차인이 상가건물 일부를 임차하여 도금작업을 하면서

임차 부분에 인접한 컨테이너박스에서 도금작업의 주문을 받고 완성된 도금제품을 고객에 인도하여 수수료를 받는 등 영업활동을 해 온 사안에서, 임차 부분과 이에 인접한 컨테이너박스는 일체로서 도금작업과 더불어 영업활동을 하는 하나의 사업장이므로 위 임차 부분은 「상가건물 임대차보호법」이 적용되는 상가건물에 해당한다고 보아야 하는데도, 그와 같은 사정은 고려하지 않고 임차의 주된 부분이 영업용이 아닌 사실행위가 이루어지는 공장으로서 「상가건물 임대차보호법」의 적용대상이 아니라고 본 원심판단에는 법리오해의 위법이 있다고 한 사례

비영리법인도 「상가건물 임대차보호법」 적용이 되나

Q. | 인천에서 어린이집을 운영하고 있는데 「상가건물 임대차보호법」 적용을 받을 수 있을까?

「상가건물 임대차보호법」의 상가건물은 사업자등록의 대상인지 아닌지를 기준으로 판단하므로, 사업자등록을 갖추지 않고 고유번호를 발급받는 어린이집 등 비영리법인의 경우에는 「상가건물 임대차보호법」의 적용을 받을 수 없다.

그러면 어린이집을 운영하고 있는데 임대인이 임대료를 무리하게 올려 달라고 요구할 때 어떻게 해야 할까? 임대인은 「상가건물 임대차보호법」에서 규정하고 있는 임대료 증액 상한 요율과 무관하게 임대료 증액을 요구할 수 있다. 하지만 임차인도 경제 사정의 변동으로 인하여 약정한 차임이 상당하지 아니하게 된 때에는 차임의 감액을 요구할 수 있으므로, 양 당사자는 경제 사정, 주변 시세 등을 고려하여 합리적으로 협의해야 할 것이다.

「상가건물 임대차보호법」의 적용

「상가건물 임대차보호법 시행령」에서 정하는 보증금을 초과하는 상가건물을 임차한 경우에는 이 법에 따른 보호를 받을 수 없다. 예를 들어 서울지역의 경우에는 9억 원을 초과하는 보증금으로 상가건물을 임대차하는 경우에는 「상가건물 임대차보호법」이 적용되지 않는다.

일시사용을 위한 상가건물 임대차임이 명백한 경우에는 「상가건물 임대차보호법」이 적용되지 않는다(「상가건물 임대차보호법」 제16조).

상가 여러 개를
동시에 임차할 경우
「상가건물 임대차보호법」 적용은

Q. A 씨는 칼국숫집 운영을 위해 점포를 구하던 중 맘에 드는 101호의 면적이 작아 102호까지 함께 얻어서 임대차계약을 하고 인테리어 후 창업하였다. 동일한 임대인의 구분점포 여러 개의 임대차계약 시 환산보증금은 어떻게 될까?

임차인이 수 개의 구분점포를 동일한 임대인에게서 임차하여 하나의 사업장으로 사용하면서 단일한 영업을 하는 경우 등과 같이, 임차인과 임대인 사이에 구분점포 각각에 대하여 별도의 임대차관계가 성립한 것이 아니라, 일괄하여 단일한 임대차관계가 성립한 것으로 볼 수 있는 때에는, 비록 구분점포 각각에 대하여 별개의 임대차계약서가 작성되어 있더라도 구분점포 전부에 관하여 「상가건물 임대차보호법」에 따라 환산한 보증금액의 합산액을 기준으로 「상가건물 임대차보호법」에 의하여 우선변제를 받을 임차인의 범위를 판단하여야 한다(대법원 2013다27152 판결).

만일 건물 공유자가 공동으로 임대할 경우 「상가건물 임대차보호법」의 우선변제 범위는 건물의 공유자가 공동으로 건물을 임대하고 임차보증금을 수령한 경우 특별한 사정이 없으면 그 임대는 각자 공유지분을 임대한 것이 아니라 임대목적물을 다수의 당사자로서 공동으로 임대한 것이고 임차보증금반환채무는 성질상 불가분 채무에 해당한다(대법원 2017다205073 판결).

구분점포 각각에 대하여 일괄하여 단일한 임대차관계가 성립한 것으로 볼 수 있는 경우, 「상가건물 임대차보호법」제14조에 의하여 우선변제를 받을 임차인의 범위를 판단하는 기준

[대법원 2015. 10. 29., 선고, 2013다27152, 판결]

【판결요지】

임차인이 수 개의 구분점포를 동일한 임대인에게서 임차하여 하나의 사업장으로 사용하면서 단일한 영업을 하는 경우 등과 같이, 임차인과 임대인 사이에 구분점포 각각에 대하여 별도의 임대차관계가 성립한 것이 아니라 일괄하여 단일한 임대차관계가 성립한 것으로 볼 수 있는 때에는, 비록 구분점포 각각에 대하여 별개의 임대차계약서가 작성되어 있더라도 구분점포 전부에 관하여 상가건물 임대차보호법 제2조 제2항의 규정에 따라 환산한 보증금액의 합산액을 기준으로 「상가건물 임대차보호법」제14조에 의하여 우선변제를 받을 임차인의 범위를 판단하여야 한다.

임대인과 계약한 임차인이 아닌데 「상가건물 임대차보호법」 적용을 받을 수 있나

Q. 임대인과 상가건물을 임대차계약 하여 영업 중인 임차인에게서 다시 빌린 전차인도 「상가건물 임대차보호법」을 적용받을 수 있을까?

「상가건물 임대차보호법」 제10조의 4(권리금 회수기회 보호 등)는 전대인과 전차인의 전대차관계에는 적용되지 않기 때문에, 전차인은 「상가건물 임대차보호법」으로 권리금 회수기회 보호를 받을 수 없다.

다만, 전차인은 전대차계약의 상대방인 임차인을 상대로 최초의 임대차기간을 포함한 전체 임대차기간 10년 이내에서 계약갱신요구권을 행사할 수 있을 뿐만 아니라, 임대인의 동의를 받고 전대차계약을 체결한 전차인은 임차인의 계약갱신요구권 행사 기간 이내에서 임차인을 대신하여 임대인에게 계약갱신요구권을 행사할 수 있다.

「상가건물 임대차보호법」 제13조 제2항에는 "임대인(건물주)의 동의를 받고 전대차계약을 체결한 전차인은 임차인(세입자)의 갱신요구권 행사 기간 이내에 임차인을 대위하여 임대인에게 계약갱신 요구권을 행사할 수 있다."고 규정하고 있다. 즉 세입자가 사용할 수 있는 갱신요구권 기간 내에서 전차인이 대신해 건물주에게 행사할 수 있다는 말이다.

단, 전대차계약은 임대차계약의 존속 관계이기 때문에 전차인은 건물주와 세입자가 계약을 유지하고 있을 때만 대위 갱신요구권을 행사할 수 있다. (전대인은 남의 것을 빌려서 다시 빌려주는 사람을 말하고, 전차인은 남의 것을 빌린 사람에게 다시 빌리는 사람을 말한다)

전대차관계의 경우, 전차인에게 권리금 회수를 위한 방법은 존재하지 않는다. 추후 전차인이 아닌 임차인이 되는 방향을 모색해야 한다. 다시 말해 전대차관계에서는 법 규정상 전차인의 권리금 보호가 불가능하므로 나중에 '임차인이 주선한 신규임차인' 형태로 건물주와 계약을 맺으라는 것이다. 이 경우 전차인이 아니라 임차인이 되기 때문에 계약기간이 끝날 때 권리금을 회수할 수 있을 것이다.

Ⅰ 「상가건물 임대차보호법」(전대차관계에 대한 적용 등)

① 제10조, 제10조의2, 제10조의8, 제10조의9(제10조 및 제10조의8에 관한 부분으로 한정한다), 제11조 및 제12조는 전대인(轉貸人)과 전차인(轉借人)의 전대차관계에 적용한다.

「상가건물 임대차보호법」의 적용

② 임대인의 동의를 받고 전대차계약을 체결한 전차인은 임차인의 계약갱신요구권 행사 기간 이내에 임차인을 대위(代位)하여 임대인에게 계약갱신요구권을 행사할 수 있다.

┃ 상가건물의 전대차란?

'상가건물의 전대차'란 임차상가건물을 제3자가 사용·수익할 수 있도록 임차인이 다시 재임대하는 것을 말한다. 계약당사자는 전대인(임차인)과 전차인(제3자)이다. 따라서 전대차계약을 하면, 전대인(임차인)과 전차인(제3자) 사이에는 별개의 새로운 임대차관계가 생기나, 임차인(전대인)과 임대인의 관계는 그대로 존속하게 된다.

「민법」은 임차권의 전대를 원칙적으로 금지하고 있으므로, 임대인은 자신의 동의 없이 임차인이 임차상가건물을 전대한 때에는 임대차계약을 해지할 수 있다(「민법」 제629조).

임차권의 전대제한 규정은 강행규정이 아니므로, 전대차는 임대인의 동의가 없더라도 임차인과의 사이에 채권·채무가 유효하게 성립한다. 그러나 전차인이 임대인이나 그 밖의 제3자에게 임차권이 있음을 주장하기 위해서는 임대인의 동의가 필요하다(「민법」 제629조 및 제652조).

임대인의 동의는 전대차계약이 체결되기 전이든 후이든 상관없이 있기만 하면 되고, 명시 또는 묵시 상관없이 가능하다. 다만, 동의가 있었다는 사실은 임차인과 전차인이 입증해야 한다.

전대인과 전차인 사이의 관계는 전대차계약의 내용에 따라 정해지고, 전대인은 전차인에 대해 임대인으로서의 권리와 의무를 가지게 된다.

임대인과 임차인의 관계는 전대차에 불구하고 아무런 영향을 받지 않는다. 즉 임대인은 임차인에 대해 임대차계약에 따른 권리를 행사할 수 있다(「민법」 제630조 제2항).

임대인과 전차인 사이에는 직접적으로 아무런 관계가 없다. 그러나 「민법」은 임대인의 보호를 위해 전차인이 직접 임대인에 대해 의무를 부담하도록 하고 있다(「민법」 제630조 제1항 전단). 즉, 전차인은 전대차계약에 따라 전대인(임차인)에 대해 월세 등의 지급의무를 지는데, 월세를 일정한 전제하에 직접 임대인에게 지급하면 전대인(임차인)에게 지급하지 않아도 된다. 그러나 전차인은 전대인(임차인)에게 월세를 지급했다는 이유로 임대인에게 임차권을 주장할 수는 없다(「민법」 제630조 제1항 후단).

전대차는 임대차를 기초로 하므로, 임대인과 임차인의 임대차관계가 기간만료 등으로 종료하면 자동적으로 임차인과 제3자 간의 전대차관계도 소멸한다. 그러나 임대인과 임차인의 합의로 계약을 종료한 경우에는 전차인의 권리가 자동으로 소멸하지 않으므로, 전차인은 전대차의 존속을 임대인과 임차인에게 주장할 수 있다(「민법」제631조).

임대차계약이 해지를 이유로 종료되더라도 상가건물이 적법하게 제3자에게 전대된 경우에는 전차인에게 그 사유를 통지하지 않으면 임차인은 임대차계약이 해지된 것을 이유로 전차인에게 대항하지 못한다. 전차인이 해지의 통지를 받은 때에도 6개월이 지나야 해지의 효력이 생긴다(「민법」제638조).

상가건물 사용을 편리하게 하기 위해 임대인의 동의를 얻어 전차인이 설치한 물건이나, 임대인으로부터 매수하였거나 임대인의 동의를 얻어 임차인으로부터 매수한 물건에 대해서는 전대차의 종료 시 전차인은 임대인에게 그 부속물의 매수를 청구할 수 있다(「민법」제647조).

| 임대인의 동의가 없는 전대차의 효과

전대차계약은 계약당사자 사이에서 유효하게 성립하고, 전차인은 전대인에게 상가건물을 사용·수익하게 해 줄 것을 내용으로 하는 채권을 취득하며, 전대인은 전차인에 대해 차임청구권을 가진다.

전대인은 전차인을 위해 임대인의 동의를 받아 줄 의무를 지게 된다(대법원 1986. 2. 25. 선고 85다카1812 판결).

임차인이 전대를 하더라도 임대인과 임차인 사이의 임대차관계는 그대로 존속한다. 임대인은 무단 전대를 이유로 임차인과의 계약을 해지할 수 있다(「민법」 제629조 제2항). 임대인의 동의 없이 상가건물을 전대한 경우에는 임대인에게 그 효력을 주장할 수 없으므로, 전차인이 상가건물을 점유하는 것은 임대인에게는 불법점유가 된다. 따라서 임대인은 소유권에 기해 전차인에게 임차상가건물의 반환을 청구할 수 있다(「민법」 제213조 및 제214조).

상가건물의 임차인이 그 상가건물의 일부분을 다른 사람에게 사용하게 할 경우 전대의 제한, 전대의 효과 및 전차인의 권리 확정에 관한 규정은 적용되지 않는다(「민법」 제632조). 다만, 이 규정은 임의규정이므로 당사자 간의 특약으로 상가건물의 일부분이라도 다른 사람이 사용할 수 없도록 약정한다면 그 계약 내용에 따라 적용된다.

「상가건물 임대차보호법」의 적용

사업자등록을 하지 않은 임차인도 「상가건물 임대차보호법」 적용을 받을 수 있나

Q. 경기도 수원에서 조그마하게 세탁소를 운영하는 A 씨는 사업자
등록을 하지 않은 채 영업하고 있다. 그런데 최근 임대인이 임대
료를 올리겠다고 하는 둥 말이 있어 하루하루가 불안한 상태이다.
임대인은 그동안 올리지 않은 임대료를 한꺼번에 올리겠다고 하
는데 사업자등록을 하지 않은 임차인도 「상가건물 임대차보호법」
적용이 가능할까?

가능하다. 「상가건물 임대차보호법」은 사업자등록의 대상이 되
는 상가건물을 임차해 영리목적으로 사용하는 임대차계약에도 적
용이 된다. 따라서 임차인이 비록 사업자등록신청을 하지 않았더라
도, 임차인은 최초의 임대차기간을 포함 10년 동안 계약갱신요구권
을 행사할 수 있다. 또한, 임차인이 사업자등록을 신청 안 했어도,
「상가건물 임대차보호법」의 '임차인의 권리금 회수기회 보호(같은
법 제10조의4)', '임대료 증액의 상한 요율 5% 적용(같은 법 제11조)',
'보증금의 월차임 전환 시에 산정률의 제한(같은 법 제12조)' 등의

적용을 받을 수 있다.

단, 임차인은 사업자등록을 신청하지 않아 해당 상가건물이 경매되는 경우 보증금에 대한 우선변제 및 최우선변제를 받을 수 없게 된다. 사업자등록이 어떤 임대차를 공시하는 효력이 있는지는 일반 사회 통념상 그 사업자등록으로 당해 임대차건물에 사업장을 임차한 사업자가 존재한다고 인식할 수 있는지에 따라 판단하여야 한다.

그리고 상가건물의 '일부분'을 임차하는 경우에는 특별한 사정이 없으면 사업자등록신청 시 임차 부분을 표시한 도면을 첨부하여야 한다(대법원 2008다44238).

상가건물의 임대차에 이해관계가 있는 자는 관할 세무서장에게 해당 상가건물의 확정일자 부여일, 차임 및 보증금 등 정보의 제공을 요청할 수 있다(임대차계약을 체결하려는 사람은 임대인의 동의를 얻어 정보제공 요청권이 있음).

「상가건물 임대차보호법」의 적용

폐업한 후 다시
사업자등록을 신청하면

Q. 사업을 그만두었는데 사업자등록을 말소하지 않은 경우는 어떻게
되나?

이미 사업자의 지위를 상실하였으므로 등록이 형식적으로 존속한다고 하더라도 대항력을 인정할 수 없다는 견해가 다수이다.

사업을 폐지하였지만, 형식적으로 사업자등록을 유지하더라도 적법한 사업자등록을 볼 수 없으므로 대항력이 상실된다고 할 수 있을 것이다.

폐업 후 다시 창업할 때
사업자등록번호 부여

Q. | 사업장을 폐업했다가 다시 새로운 사업을 위해 사업자등록을 신
청했는데 사업자등록번호 부여는 어떻게 될까?

폐업신고로 인해 대항력이 소멸하고, 새로이 사업자등록을 신청
한 때부터 새로이 대항력이 발생하게 된다. 사업자가 폐업신고를
하였다가 다시 같은 상호 및 등록번호로 사업자등록을 하였다고 하
더라도 「상가건물 임대차보호법」상의 대항력 및 우선변제권이 그
대로 존속된다고 할 수 없다(대법원 2006다56299 판결).

사업자등록은 세무서에 신청하면 5분 정도면 발급할 수 있다. 보
통의 일반 건축물에서는 위와 같은 문제는 발생되지 않으나 사업장
일부를 사용하거나 호실이 정확하지 않은 점포에 사업자등록을 하
면 주의가 필요하겠다.

사업자등록번호는 한번 부여받으면 특별한 때 외에는 바뀌지 않
고 평생 사용하게 된다. 또한, 사업장을 옮기거나 폐업하였다가 다

「상가건물 임대차보호법」의 적용

시 시작하는 경우 종전에는 사업자등록번호를 새로 부여받았으나, 1997년부터는 사업자등록번호는 한번 부여받으면 특별한 때 외에는 평생 그 번호를 사용하게 된다.

우리나라 국민은 주민등록번호에 의해 많은 것들이 관리되는 것처럼, 사업자들은 사업자등록번호에 의해 세적이 관리되게 되므로 사실대로 정확하게 사업자등록을 해야 한다. 따라서 사업을 하면서 세금을 내지 않거나, 무단 폐업 하는 등 성실하지 못한 행위를 하면 이러한 사항들이 모두 누적되어 관리되므로 주의가 필요할 것이다.

┃ 사업자등록의 종류

개인사업자는 기업을 설립하는 데 「상법」에 따른 별도의 회사설립 절차가 필요하지 않아 법인사업자와 달리 그 설립 절차가 간편하고, 휴·폐업이 비교적 쉽다.

개인사업자는 기업의 완전한 법인격이 없으므로 소유와 경영이 소유자에게 종속하는 기업형태이고, 법인사업자는 기업이 완전한 법인격을 가지고 스스로 권리와 의무의 주체가 되어 기업의 소유자로부터 분리되어 영속성을 존재할 수 있는 기업형태이다.

〈개인사업자와 법인사업자의 비교〉

구분	개인사업자	법인사업자
창업절차	■ 관할 관청에 인·허가(인·허가가 필요한 경우)를 신청 ■ 세무서에 사업자등록신청	■ 법원에 설립등기 신청 ■ 세무서에 사업자등록신청
자금조달	■ 사업주 1인의 자본과 노동력	■ 주주를 통한 자금조달
사업책임	■ 사업상 발생하는 모든 문제를 사업주가 책임	■ 법인의 주주는 출자한 지분 한도 내에서만 책임
해당과세	■ 사업주: 종합소득세 과세	■ 법인: 법인세 ■ 대표자: 근로소득세(배당을 받을 경우는 배당소득세) ■ 일반적으로 소득금액이 커질수록 법인에 유리
장점	■ 창업비용과 창업자금이 적게 소요되어 소자본을 가진 창업도 가능 ■ 기업활동이 자유롭고, 신속한 계획수립 및 변경이 가능 ■ 일정규모 이상으로는 성장하지 않는 중소규모의 사업에 적합 ■ 인적조직체로서 제조방법, 자금운용상의 비밀유지가 가능	■ 대외공신력과 신용도가 높기 때문에 영업수행과 관공서, 금융기관 등과의 거래에 있어서도 유리 ■ 주식회사는 신주발행 및 회사채 발행 등을 통한 다수인으로 부터 자본조달이 용이 ■ 일정규모 이상으로 성장 가능한 유망사업의 경우에 적합
단점	■ 대표자는 채무자에 대하여 무한책임을 짐. 대표자가 바뀌는 경우에는 폐업을 하고, 신규로 사업자등록을 해야 하므로 기업의 계속성이 단절됨 ■ 사업양도 시에는 양도된 영업권 또는 부동산에 대하여 높은 양도소득세가 부과됨	■ 설립절차가 복잡하고 일정 규모 이상의 자본금이 있어야 설립 가능 ■ 대표자가 기업자금을 개인용도로 사용하면 회사는 대표자로부터 이자를 받아야 하는 등 세제상의 불이익이 있음

출처: 온라인법인설립시스템(www.startbiz.go.kr)

「상가건물 임대차보호법」의 적용

사업자등록 정정 시 대항력 인정이 되는지 여부

[대구지법 2008. 5. 20., 선고, 2007나20356, 판결: 확정]

【판결요지】

상가건물임차권의 대항력의 요건인 사업자등록은 거래의 안전을 위하여 사업자등록증에 기재된 사업장에 대하여 임차권이 존재함을 제3자가 명백히 인식할 수 있게 하는 공시방법으로서 마련한 것이고, 임대차를 공시하는 효력은 사업자등록증에 기재된 사업장에 한하여 미치므로, 임차한 상가건물을 사업장으로 하여 사업자등록을 한 사업자가 사업장을 다른 장소로 변경하는 사업자등록 정정을 한 경우에는 정정된 사업자등록은 종전의 사업장에 대한 임대차를 공시하는 효력이 없고, 사업자는 종전의 사업장에 대하여 취득한 「상가건물 임대차보호법」상 대항력을 상실한다. 대항력은 위의 대항요건을 갖추면, 사업자등록을 신청한 그다음 날부터 제3자에 대해서 효력이 생긴다. 대항력을 갖춘 상가건물임차인은 임차상가건물이 다른 사람에게 양도되더라도 새로운 상가건물 소유자에게 계속해서 임차권의 존속을 주장할 수 있다. 임차권은 임차건물에 경매가 실시된 경우

에는 그 임차건물이 매각되면 소멸하지만, 보증금이 전액 변제
되지 않은 대항력이 있는 임차권은 그렇지 않다. 대항력을 취득
한 임차인과 상가건물에 대한 저당권 또는 가압류 등의 권리관
계는 그 요건을 갖춘 선후에 따라 결정된다.

▎세무서의 직권등록

만약 사업자가 사업자등록을 하지 않을 때는 관할 사업장 관할 세무서장이 조사하여 등록할 수 있다.

▎사업자 미등록 또는 사업자등록지체 시 불이익

사업자등록을 신청기한 내에 하지 않으면 사업 개시일부터 등록을 신청한 날의 직전일까지의 공급가액의 합계액에 1%가 가산세로 부과된다. 또한, 사업자등록을 하지 않으면 등록 전의 매입세액은 공제를 받을 수 없다. 다만, 공급시기가 속하는 과세기간이 끝난 후 20일 이내에 등록을 신청한 경우 등록신청일부터 공급시기가 속하는 과세기간 기산일까지 역산한 기간 이내의 매입세액은 공제받을 수 있다.

▎사업자등록 정정신고

사업자등록을 한 후 다음의 어느 하나에 해당하는 사유가 발생한 경우에는 사업자등록 정정신고를 해야 한다. 정정신고를 해야 하는 사유는 상호를 변경하는 경우나 법인 또는 법인으로 보는 단체 외의 단체로서, 1. 거주자로 보는 단체가 대표자를 변경하는 경우 등이다.

┃ 사업자등록증의 재발급

신청서와 관련 서류를 제출하면 세무서장이 그 정정 내용을 확인하는 절차를 거쳐 신고일부터 2일(위 1의 경우는 신고일 당일) 이내에 사업자등록증의 기재사항을 정정한 사업자등록증을 재발급받을 수 있다.

┃ 사업자등록 휴업 · 폐업신고

사업자등록을 한 사업자가 휴업 또는 폐업을 하거나 사업자등록을 한 자가 사실상 사업을 시작하지 않게 될 때는 지체 없이 휴업(폐업)신고서를 관할 세무서장이나 그 밖에 신고인의 편의에 따라 선택한 세무서장에게 제출(국세정보통신망에 따른 제출 포함)해야 한다. 폐업신고서에는 사업자등록증을 첨부해야 한다.

┃ 사업자등록의 말소

사업장 관할 세무서장은 사업자등록이 된 사업자가 ① 사업자가 사업자등록을 한 후 정당한 사유 없이 6개월 이상 사업을 시작하지 않는 경우, ② 사업자가 부도발생, 고액체납 등으로 도산하여 소재 불명인 경우, ③ 사업자가 인가 · 허가의 취소 또는 그 밖의 사유로 사업을 수행할 수 없어 사실상 폐업상태에 있는 경우, ④ 사업자가 정당한 사유 없이 계속하여 둘 이상의 과세기간에 걸쳐 부가가치세

「상가건물 임대차보호법」의 적용

를 신고하지 않고 사실상 폐업상태에 있는 경우, ⑤ 그 밖에 사업자가 위 ①부터 ④까지의 규정과 유사한 사유로 사실상 사업을 시작하지 않을 때는 사업자등록을 말소해야 한다.

▎사업자등록증의 회수

사업자등록을 말소하는 경우 관할 세무서장은 지체 없이 등록증을 회수해야 하며, 등록증을 회수할 수 없는 경우에는 등록말소 사실을 공시해야 한다.

▎사업자등록의 갱신

사업장 관할 세무서장은 부가가치세의 업무를 효율적으로 처리하는 데 필요하다고 인정되면 사업자등록증을 갱신하여 발급할 수 있다.

입점한 건물이 경매되었는데 보증금을 보호받을 수 있나

Q. | 입점한 건물 임대인이 은행에 이자를 내지 않아 입점하고 있는 건물이 경매되었을 때 임차인은 대항력이 있으면 보증금을 보호받을 수 있을까?

임대차는 그 등기가 없는 경우에도 임차인이 건물의 인도와 사업자등록을 신청하면 그다음 날부터 제3자에 대하여 대항력이 생긴다. 그리고 임차인은 상가건물의 주인이 바뀌더라도 그에게도 임대차관계를 주장할 수 있다.

임차인이 대항력을 갖출 당시에 저당권, 가압류, 가등기 등의 설정이 없어서 임차인의 권리가 말소기준권리보다 선순위라면 낙찰자에게 대항력이 있다. 그러므로 본 사안의 임차인은 별다른 사유가 없다면 임대차만료일까지 영업할 수 있고, 임대차기간이 만료할 때 낙찰자인 새로운 임대인에게 보증금을 청구할 수 있다.

「상가건물 임대차보호법」의 적용

제3자에게 유효한
임대차의 공시방법은

A는 상가건물인 건물 일부로 등기부상 "지하 1층, 368.20㎡"로 등재된 지하 1층 중 일부만을 임차한 다음, 그 사업자등록신청을 하면서 임차 부분이 "지하 101호 내 설계도면에 표시된 공간, 115㎡"라고 기재된 임대차계약서 사본만을 첨부하였을 뿐 해당 부분의 도면을 첨부하지는 않았고, 사업자등록사항에는 임차 부분이 위 임대차계약서와 달리 건물 중 "지하 101호, 80.00㎡"라고만 기재되어 있고, B도 이 건물의 일부로서 등기부상 "2층, 279.80㎡"로 등재된 지상 2층 중 일부만을 임차한 다음, 그 사업자등록신청 시 임차 부분이 "2층 여탕 일부, 8㎡(4평)"라고 기재된 임대차계약서 사본만을 첨부하였을 뿐 해당 부분의 도면을 첨부하지는 않았고, 사업자등록사항에는 임차 부분이 건물 중 "2층, 13.22㎡"라고만 기재되어 있는데, 위 각 사업자등록을 제3자에 대한 관계에서 유효한 임대차의 공시방법으로 볼 수 있을까?

사례는 각각 이 건물 중 지하 1층의 일부와 지상 2층의 일부만을 임차하였으면서도 사업자등록신청 시 각 임차 부분의 해당 도면을 첨부하지 않았고, 또한 위 사업자등록의 내용으로 볼 때 도면이 없더라도 일반 사회통념상 그 등록사항의 기재만으로 이 건물 중 위 피고들이 각 임차한 부분이 다른 부분과 명백히 구분될 수 있을 정도로 특정되어 있다고 보기도 어려우므로, 적법한 공시방법으로 볼 수 없어 제3자에 대하여 대항력을 주장할 수 없다(대법원 2010다 56678 판결).

대항력의 요건으로 '사업자등록'을 규정한 취지 및 사업자등록이 임대차를 공시하는 효력이 있는지 판단하는 기준

[대법원 2016. 6. 9., 선고, 2013다215676, 판결]

【판결요지】

　[1] 구「상가건물 임대차보호법」(2013. 6. 7. 법률 제11873호로 개정되기 전의 것) 제3조 제1항에서 건물의 인도와 더불어 대항력의 요건으로 규정하고 있는 사업자등록은 거래의 안전을 위하여 임대차의 존재와 내용을 제3자가 명백히 인식할 수 있게 하는 공시방법으로서 마련된 것이므로, 사업자등록이 어떤 임대차를 공시하는 효력이 있는지는 일반 사회통념상 사업자등록을 통해 건물에 관한 임대차의 존재와 내용을 인식할 수 있는가에 따라 판단하여야 한다.

　[2] 사업자등록신청서에 첨부한 임대차계약서와 등록사항현황서(이하 '등록사항현황서 등'이라 한다)에 기재되어 공시된 임대차보증금 및 차임에 따라 환산된 보증금액이 구「상가건물 임대차보호법」(2013. 6. 7. 법률 제11873호로 개정되기 전의 것, 이하 '구 상가임대차법'이라 한다)의 적용대상이 되기 위한

보증금액 한도를 초과하면, 실제 임대차계약의 내용에 따라 환산된 보증금액이 기준을 충족하더라도, 임차인은 구 「상가건물 임대차보호법」에 따른 대항력을 주장할 수 없다. 이러한 법리는 임대차계약이 변경되거나 갱신되었는데 임차인이 사업자등록 정정신고를 하지 아니하여 등록사항현황서 등에 기재되어 공시된 내용과 실제 임대차계약의 내용이 불일치하게 된 경우에도 마찬가지로 적용된다.

▍대항력이란

'대항력'이란 임차인이 제3자, 즉 임차상가건물의 양수인, 임대할 권리를 승계한 사람 또는 그 밖에 임차상가건물에 관해 이해관계를 가지고 있는 사람에게 임대차의 내용을 주장할 수 있는 법률상의 힘을 말한다.

임대차는 채권이므로 원칙적으로 대항력이 없지만, 「상가건물 임대차보호법」이 적용되는 상가건물 임대차는 그 등기를 하지 않았다 하더라도 임차인이 ① 상가건물을 인도받았고, ② 사업자등록을 신청했다면 그다음 날부터 제3자에 대해 대항력을 주장할 수 있다.

임차건물의 양수인(그 밖에 임대할 권리를 승계한 자를 포함)은 임대인의 지위를 승계한 것으로 본다. 대항력 등의 규정은 「상가건물 임대차보호법」에 따라 지역별로 정해진 보증금의 일정 기준금액을 초과하는 임대차에도 적용한다.

건물 주인이 바뀌면 대항력과 우선변제권은

Q. | 지금 영업 중인 상가에 대해 대항력과 우선변제권을 취득한 상태인데요. 이번에 건물 주인이 바뀌어서 다시 임대차계약을 체결한 경우, 이미 취득한 대항력과 우선변제권은 그대로 유지되는지?

일반적으로 어떠한 목적물에 관하여 임차인이 「상가건물 임대차보호법」상의 대항력 또는 우선변제권 등을 취득한 후에 그 목적물의 소유권이 제3자에게 양도되면 임차인은 그 새로운 소유자에 대하여 자신의 임차권으로 대항할 수 있고, 새로운 소유자는 종전 소유자의 임대인 지위를 승계한다(「상가건물 임대차보호법」 제3조 및 제5조 제2항 참조).

그러나 새로운 소유자와 임차인이 동일한 목적물에 관하여 종전 임대차계약의 효력을 소멸시키려는 의사로 임대차계약을 새롭게 체결하여 그들 사이의 법률관계를 이 계약에 따라 정할 수 있다. 이런 경우에는 종전의 임대차계약은 새로운 임대차계약의 결과로 그 효력을 잃게 되므로, 다른 특별한 사정이 없으면 종전의 임대차계약을 기초로 발생하였던 대항력 또는 우선변제권 등도 종전 임대차계약과 함께 소멸하게 된다. 따라서 종전 임대차계약으로 취득한 대항력 또는 우선변제권은 이를 새로운 소유자 등에게 주장할 수 없고, 임차인은 현재 주인과 새롭게 체결한 임대차계약에 따라 대항력 또는 우선변제권을 취득해야 한다(대법원 2013다211919 판결 참조).

우선변제권이 없을 때 보증금 보호는 어떻게

Q. | 우선변제권이 없는데 보증금을 보호받을 수 있을까?

「상가건물 임대차보호법」의 우선변제 적용을 받지 못하는 환산보증금 9억 원을 초과하는 상가는 임대인의 동의를 받아 임차권등기를 하거나 임대인과 전세권설정계약 체결 후 전세권을 설정할 수 있을 것이다.

실무에서는 해당 상가에 경매가 진행된다면 경매기입 등기일부터 실제 소유권 이전까지는 상당한 시일이 소요되므로, 임차인은 월세를 일부러 연체하여 임대차보증금에서 공제함으로써 반환받을 보증금을 최소화하는 방법도 고려해 볼 수 있다.

▎ 임대차등기협력청구권

당사자 간에 별도의 약정이 없으면 임차인은 임대인에게 상가건

「상가건물 임대차보호법」의 적용

물 임대차등기에 협력할 것을 청구할 수 있다.

다만, 임차인은 임대인에게 임대차등기절차에 협력해 줄 것을 청구할 수 있을 뿐이고, 등기청구권까지 주어져 있는 것은 아니므로 임대인이 협력하지 않으면 임대차등기를 할 수는 없다.

건물 공유자 공동임대 시 우선변제 범위는

Q. | 건물을 공유하여 소유하고 있으면 공유자가 공동임대 시 「상가건 물 임대차보호법」의 우선변제 범위는 어떻게 될까?

  건물의 공유자가 공동으로 건물을 임대하고 임차보증금을 수령 한 경우 특별한 사정이 없으면 그 임대는 각자 공유지분을 임대한 것이 아니라 임대목적물을 다수의 당사자로서 공동으로 임대한 것 이고 임차보증금반환채무는 성질상 불가분채무에 해당한다(대법원 2017다205073 판결).

ㅣ 우선변제권

  '우선변제권'은 「상가건물 임대차보호법」상 임차인이 후순위권리 자 또는 채권자보다 우선하여 임차보증금을 변제받을 수 있는 권리 를 말한다. 임차권등기를 마치면 임차인은 임대인 및 제3자에 대해 대항력과 우선변제권을 갖게 된다.

　　　　　　　　　　　「상가건물 임대차보호법」의 적용

만일 임차인이 임차권등기 이전에 이미 대항력 또는 우선변제권을 취득한 경우에는 그 대항력 또는 우선변제권이 그대로 유지되며, 임차권등기 이후에는 대항요건을 상실하더라도 이미 취득한 대항력 또는 우선변제권을 상실하지 않는다. 우선변제권을 취득하려면 ①「상가건물 임대차보호법」제3조 제1항에 따른 대항요건을 갖추고 ② 임대차계약서상에 확정일자를 받아야 한다.

우선변제권을 취득하면, 임차인은 임차상가건물이 경매 또는 공매에 붙여졌을 때 그 경락대금에서 다른 후순위권리자보다 우선하여 보증금을 변제받을 수 있다.

대항력을 갖춘 임차인은 상가건물이 매매, 경매 등의 원인으로 소유자가 변경된 경우에도 새로운 소유자에게 임차인의 지위를 주장할 수 있다. 다시 말하면, 상가건물이 경매, 매매 등으로 그 건물의 소유자가 변경되어도, 임차인은 임대차기간이 만료될 때까지 계속 상가건물을 사용·수익할 수 있고, 또한 보증금을 전액 반환받을 때까지 상가건물을 비워 주지 않아도 된다는 것이다.

최우선변제는
누가 받지

Q. | 서울에 있는 상가의 보증금이 2천만 원이고 월세가 60만 원일 때
최우선변제 보호받을 수 있을까?

서울에서는 임차인이 환산보증금이 6,500만 원 이하일 때 최우선
변제를 받을 수 있는 범위에 속하며, 경매 낙찰가의 2분의 1 범위
내에서 선순위 근저당보다 앞서서 2,200만 원까지 우선하여 변제
를 받을 수 있다. 위의 경우 환산보증금이 8천만 원(2천만 원 + 60만
원 × 100)으로 최우선변제를 받을 수 있는 범위가 아니다.

실무에서는 대항력을 갖추고 확정일자를 부여받음으로써 우선변
제권을 확보할 수 있을 것이다.

Ⅰ 확정일자

'확정일자'란 건물소재지 관할 세무서장이 그 날짜에 임대차계약

「상가건물 임대차보호법」의 적용

서의 존재 사실을 인정하여 임대차계약서에 기재한 날짜를 말한다. 임차인이 건물의 인도와 사업자등록을 마치면 대항력이 생긴다. 또한, 확정일자를 받음으로써 우선변제를 받을 수 있게 된다.

임차인은 우선변제권이 있을 때 상가건물이 경매 또는 공매되는 경우에 상가건물의 환가대금에서 후순위권리자나 그 밖의 채권보다 우선하여 보증금을 변제받을 수 있다. 단, 경매의 환가대금보다 선순위권리 금액이 큰 경우에는 보증금 일부 또는 전액을 반환받지 못할 수 있다.

「상가건물 임대차보호법」에 따르면, 건물을 임차하고 사업자등록을 한 사업자가 확정일자를 받으면 등기를 한 것과 같은 효력을 가지므로 임차한 건물이 경매나 공매로 넘어갈 때 확정일자를 기준으로 보증금을 우선하여 변제받을 수 있다.

확정일자를 받은 임차인이 우선변제권을 갖기 위해서는 「상가건물 임대차보호법」에 따라 지역별로 정해진 보증금의 일정 기준금액을 초과하지 않는 임대차에 해당해야 한다.

상가건물 임대차계약증서 원본을 가지고 있는 임차인은 「상가건물 임대차보호법」에 따라 상가건물의 소재지 관할 세무서장에게 확정일자 부여를 신청할 수 있다(다만, 「부가가치세법」에 따라 사업자 단위 과세가 적용되는 사업자의 경우 해당 사업자의 본점 또는 주사무소 관할 세무서장에게 확정일자 부여를 신청할 수 있음). 다만, 임대차의 목적이 상가건물 일부분이면 확정일자 신청서와 함께 그 부분의 도면을 제출하여야 한다.

임차인은 위에 따른 확정일자 신청 시 계약서 원본과 본인을 확인할 수 있는 서류를 제출해야 한다.

확정일자는 관할 세무서장이 확정일자 번호, 확정일자 부여일 및 관할 세무서장을 상가건물 임대차계약증서 원본에 표시하고 관인을 찍는 방법으로 부여한다. 계약서가 두 장 이상이면 간인(間印)해야 한다. 다만, 간인은 구멍 뚫기 방식으로 갈음할 수 있다. 관할 세무서장은 임대차계약이 변경되거나 갱신된 경우 임차인의 신청에 따라 새로운 확정일자를 부여하게 된다. 관할 세무서장은 확정일자를 부여한 계약서를 복사하여 사본과 원본을 간인한 후에 원본을 신청인에게 내준다.

일시사용을 위한 상가건물 임대차임이 명백한 경우에는 「상가건물 임대차보호법」이 적용되지 않는다.

임차한 건물이 경매되면 보증금을 돌려받을 수 있나

Q. 서울특별시에서 상가건물을 임차하여 보증금 3천만 원에 상가를 운영하는 임차인 A는 임차건물이 경매에 넘어가게 되자, 보증금을 돌려받고자 한다. 그런데 임차한 상가건물에는 이미 다른 담보물권자들이 우선해 있다. 임차인 A는 보증금을 하나도 돌려받을 수 없을까?

소액임차인은 임차상가건물에 대해 「상가건물 임대차보호법」상의 요건(상가건물의 인도와 사업자등록, 확정일자 부여)을 갖추면 보증금 중 일정액을 다른 담보물권자보다 우선하여 변제받을 수 있다.

소액임차인은 지역별로 보증금액이 달리 규정되어 있는데, 서울시의 경우 6,500만 원 이하의 보증금이어야 소액임차인으로서 보호를 받을 수 있다(「상가건물 임대차보호법」 제14조 제1항, 「상가건물 임대차보호법 시행령」 제6조).

임차인 A의 경우 지역별 보증금액에 의해 소액임차인에 해당한다. 따라서 서울특별시에서 상가건물을 임차한 A가 돌려받을 수 있는 최우선변제 보증금액은 2,200만 원 이하의 범위에서 결정된다(「상가건물 임대차보호법 시행령」 제7조 제1항 및 제2항).

▎ 보증금 중 일정액의 보호(소액임차인의 최우선변제)

임차인은 보증금 중 일정액을 다른 담보물권자보다 우선하여 변제받을 권리가 있다. 이 경우 임차인은 건물에 대한 경매신청의 등기 전에 위의 대항력 요건(① 상가건물 인도, ② 사업자등록신청)을 갖추어야 한다(「상가건물 임대차보호법」 제14조 제1항).

이에 따라 우선변제를 받을 임차인 및 보증금 중 일정액의 범위와 기준은 임대건물 가액(임대인 소유의 대지 가액을 포함)의 2분의 1 범위에서 해당 지역의 경제여건, 보증금 및 차임 등을 고려하여 상가건물 임대차위원회의 심의를 거쳐 정하며, 다음의 구분에 따른 금액 이하로 한다(「상가건물 임대차보호법」 제14조 제3항, 「상가건물 임대차보호법 시행령」 제6조 및 제7조 제1항).

「상가건물 임대차보호법」의 적용

구분	임차인의 범위	보증금의 범위
서울특별시	6,500만 원	2,200만 원
「수도권정비계획법」에 따른 과밀억제권역(서울특별시 제외)	5,500만 원	1,900만 원
광역시(「수도권정비계획법」에 따른 과밀억제권역에 포함된 지역과 군지역은 제외), 안산시, 용인시, 김포시 및 광주시	3,800만 원	1,300만 원
그 밖의 지역	3천만 원	1천만 원

❘ 상가건물 임대차등기

　상가건물 임대차등기란 임대인이 상가건물을 사용·수익하게 하고, 임차인이 이에 대해 차임을 지급할 것을 약정하는 임대차계약을 체결한 경우, 임대인의 협력을 얻어서 하는 임차권설정등기를 말한다(「민법」 제681조 및 제621조 제1항).

　임대인이 등기의무자가 되고 임차인이 등기권리자가 되어 공동으로 임차건물의 소재지를 담당하는 지방법원, 그 지원 또는 등기소에 신청해야 한다(「부동산등기법」 제7조 제1항 및 제23조 제1항). 임대인이 임대차등기절차에 협력하지 않는 경우, 반대약정이 없으면 임대인에 대해 임대차등기절차에 협력할 것을 청구할 수 있으므로, 임차인은 '임차권설정등기절차를 이행하라.'는 취지의 이행판결을 받아 등기의무자가 단독으로 신청하고, 공유물을 분할하는 판결에 의한 등기는 등기권리자 또는 등기의무자가 단독으로 등기를 신청할 수 있다(「민법」제621조 제1항 및 「부동산등기법」제23조 제4항).

부동산 임대차를 등기한 때에는 그때부터 제3자에 대하여 효력이 생긴다.

「상가건물 임대차보호법」상 임대차등기에 관한 규정은 「상가건물 임대차보호법」제2조 제1항 단서에 따라 지역별로 정해진 보증금의 일정 기준금액을 초과하지 않는 임대차에 적용된다. 임대차등기를 마치면 임차인은 대항력과 우선변제권을 취득한다. 다만, 임차인이 임대차등기 이전에 이미 대항력 또는 우선변제권을 취득한 경우에는 그 대항력 또는 우선변제권이 그대로 유지되며, 임대차등기 이후에는 대항요건을 상실하더라도 이미 취득한 대항력 또는 우선변제권을 상실하지 않는다.

임대차등기를 마친 이후에 임차한 임차인은 우선변제를 받을 권리가 없다. 임차인이 대항력 또는 우선변제권을 갖추고 「민법」에 따라 임대인의 협력을 얻어 임대차등기를 신청하는 경우에는 신청서에 ① 사업자등록을 신청한 날 ② 임차건물을 점유한 날 ③ 임대차계약서상의 확정일자를 받은 날을 기재해야 하며, 이를 증명할 수 있는 서면(임대차의 목적이 건물 일부분이면 그 부분의 도면을 포함)을 첨부해야 한다.

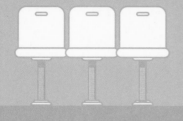

임대차
계약

가계약금을
돌려받을 수 있을까

Q. 점포가 맘에 들어 계약하려고 일단 가계약금을 입금했는데 돌려받을 수 없나?

가계약금을 입금할 당시 임대인과의 합의가 본 계약 주요 급부의 중요 부분이 확정되지 않은 계약의 준비 단계인지 또는 주요 급부의 중요 부분이 확정된 조건부 계약인지에 따라 법적 해석이 달라진다.

임차인이 지급한 가계약금이 소액이고 모든 계약 내용의 합의까지는 없더라도, 본 계약의 주된 내용인 매매목적물과 매매대금 등 매매계약의 중요 요소들에 관한 합의가 이루어져 있는 경우라면 가계약은 양쪽 당사자를 구속하는 조건부 계약이 된다. 또한, 장래에 특정 가능한 기준, 방법 등에 관한 합의만으로도 매매계약이 성립된 것으로 볼 수 있다. 그렇게 된다면 임차인은 지급한 가계약금을 포기함으로써 계약을 해지할 수 있으므로 지급한 가계약금을 돌려

임대차계약

받지 못하게 된다. 하지만 가계약금이 단순한 보관금이라면 임차인은 지급한 가계약금을 돌려받을 수 있다.

실무에서는 가계약을 계약으로 인정하는 사례가 많지 않다. 하지만 불필요한 분쟁을 없애기 위해 금전을 지급할 때는 어떤 용도인지 서면으로 확인하고, 만일 변심이나 계약으로 이어지지 못할 경우를 생각해서 금전의 반환 등에 대한 명확한 합의가 필요하겠다.

계약 후 24시간 이내에
해지할 수 있을까

Q. | 임대차계약을 하고 24시간 이내에 계약을 해지할 수 있을까?

양 당사자가 임대차계약을 체결하게 되면 그 효력은 유효하고, 일방 당사자가 해약할 수 있는 권리를 유보하는 등 특별한 경우가 아니라면 일방적으로 해약할 수 없다. 매매, 임대차계약 체결 후 24시간 안에 계약금을 돌려주면 합법적으로 계약을 취소할 수 있다는 일부 부동산 업계의 관행은 법적으로 전혀 근거가 없다. 상대방이 계약해제에 동의하지 않는다면 특별한 사유가 없는 한 일방적으로 계약을 해제하고 지급한 계약금을 반환받기 어렵다.

계약해지
해약금은 얼마

Q. | 체결한 상가 임대차계약을 해지하고 싶은데 해약금은 얼마일까?

임대차계약에서 당사자 간에 다른 약정이 없는 한 임차인은 지급한 계약금을 포기하고 임대차계약을 해제할 수 있다.

일반적으로 보증금의 10%를 계약금으로 지급하는 것이 보통이지만, 해약금은 양 당사자가 계약 체결 시 약정한 계약금을 기준으로 한다. 만일 해약금을 임차인은 보증금의 20%로 약정하였다면 계약금의 20%를 포기하고 임대차계약을 해제할 수 있을 것이다.

법인소유 상가의
임대차계약 체결은 누구와

Q. | 입점 건물이 법인의 소유로 되어 있을 경우 직원과 계약을 체결해
     야 하는데 확인해야 할 서류는 무엇일까?

법인 대표자와 직접 계약하는 경우에 법인의 적법한 의사에 의한 계약임을 증명하기 위해서는 법인등기부등본, 법인 인감증명서와 법인 도장, 법인 대표자의 주민등록증으로 대표자 진위를 확인할 수 있다.

대리인인 소속 직원과 계약하는 경우에는 사용인감계, 법인 인감 증명서, 사용인감 도장, 법인 인감도장, 법인등기부등본, 소속 직원 대리인계, 소속 직원 신분증 진위 등을 확인해야 한다. 법인 인감을 직접 도장을 찍지 않고 사용인감을 사용할 때는 사용인감 사용에 대한 법인 인감을 확인하는 것이 필수적이다.

실무에서는 법인이 소유 부동산을 매도하거나 임대하는 경우, 법

임대차계약

인이 법인 인감증명서의 법인 인감을 직접 사용하게 되면 일반적으로 논쟁의 여지가 없지만, 사용인감을 도장 찍을 경우에는 적법한 사용인감의 사용인지 확인할 필요가 있을 것이다.

임대인의 요구로
아무 조건 없이 나간다는
특약은 유효할까

Q. 상가 임대차계약 시 임대인의 요구로 건물이 매매되면 아무 조건 없이 나간다는 계약서상의 특약은 유효할까?

「상가건물 임대차보호법」에 따라 임차인은 최초 입점한 날로부터 10년간 계약갱신을 요구할 수 있고, 임대인은 정당한 사유 없이 임차인의 요구를 거절할 수 없다.

임대인과 임차인이 임대차계약 당시에 건물이 매매되면 아무 조건 없이 나간다는 계약서상의 특약을 했어도, 임차인은 계약갱신요구권을 행사할 수 있다. 하지만 임대인은 계약 당시에 "건물이 매매되면 임차인은 아무 조건 없이 나간다."라는 특약의 주장으로 법원에 건물 인도 청구소송을 낼 수 있다. 하지만 "이 법의 규정에 위반된 약정으로서 임차인에게 불리한 것은 효력이 없다."라는 「상가건물 임대차보호법」 조항(같은 법 제15조)이 있으므로 임차인에게 유리하게 결과가 나올 것으로 예상할 수 있다.

임대차계약

재건축하면 계약서에 아무 조건 없이 나간다는 특약이 유효한지

Q. 상가 임대차계약 시 임대인의 요구로 구체적인 시기를 정하지 않고 건물을 재건축할 경우 아무 조건 없이 나간다는 계약서상의 특약은 유효할까?

임차인은 이 특약의 무효를 주장할 수 있다. 「상가건물 임대차보호법」에는 임대인이 재건축하려면 임대차계약 체결 당시 재건축 시기 등을 임차인에게 구체적으로 고지하도록 정하고 있다.

하지만 계약 시 재건축 시기를 구체적으로 정하지 않았을 경우 법 규정을 위반하게 된다. 따라서 법의 규정에 위반된 약정으로서 임차인에게 불리한 특약이므로 임차인은 무효를 주장할 수 있다.

법인 대표자가 변경되면
계약서를 다시 써야 할까

Q. 상가임차인이 법인일 경우 대표자가 변경되었을 경우 계약서를
다시 작성해야 할까?

　상가임차인이 법인일 경우 대표자가 변경되었을 경우 법인 회사
의 대표자가 변경된 것으로 계약서를 다시 작성할 필요는 없다. 그
리고 계약자인 대표자를 변경해서 새롭게 계약서를 작성하여도
「상가건물 임대차보호법」상의 임대기간 보호인 계약갱신요구권 행
사 기간은 계약자 변경부터 다시 진행되는 것이 아니라, 최초로 체
결한 임대차가 개시된 시점부터 진행되는 것이다.

계약기간 중간에
임차인이 나가면 임대인은
다시 계약서를 써 줘야 하나

Q. 2년 기간으로 임대차계약을 하고 1년 후 임차인이 새로운 임차인
을 주선하였을 경우 임대인은 계약을 체결해야 할까?

임대기간을 2년으로 하여 잔여기간이 1년 남았을 경우 특별한 사유가 없는 한 임대인은 신규임차인과 임대차계약 체결을 거부할 수 있다. 임대인은 임대차계약의 만료일이 1년이 남은 상태에서 임차인의 계약해지 요청을 임대인은 거부할 수 있는 것이다.

하지만, 임대인은 임차인이 임대차기간이 끝나기 6개월 전부터 임대차 종료 시까지 신규임차인을 주선했을 때 정당한 사유 없이 임차인의 권리금 회수기회를 방해할 수 없다. 임대인은 특별한 사유가 없는 한 임차인의 권리금 회수에 협조해야 한다. 만일 임차인이 3기의 차임액에 해당하는 금액에 이르도록 차임을 연체한 사실이 있었거나 임차인의 의무를 현저히 위반한 경우 등이 있었다면, 임대인은 신규임차인과의 신규임대차계약 체결을 거부할 수 있다.

그리고 임대인은 신규임차인에게 주변 시세 등을 고려하여 새로운 임대료 조건을 제시할 수도 있을 것이다.

임대인이 재계약서를
써 주지 않고
나가라고 하면

Q. | 임대인의 무리한 요구를 들어줄 수 없어 재계약서를 작성하지 못하고 있어 임대인이 나가라고 하는데 어떻게 하나?

임차인이 임대차기간이 끝나기 6개월 전부터 1개월 전까지 사이에 계약갱신을 요구할 때 임대인은 정당한 사유가 없으면 거절할 수 없다. 그리고 '월세 인상에 대한 미합의'는 임대인의 정당한 사유가 아니다. 따라서 월세 미합의로 계약서를 작성하지 못해도, 임차인은 계약이 갱신되었다고 주장할 수 있다. 갱신되는 임대차는 기존 임대차와 동일한 조건으로 다시 계약된 것으로 본다.

실무에서는 임대인으로서도 분쟁조정이나 소송을 통해 월세 인상을 청구할 수 있고, 인상 금액이 확정되면 인상의 효력은 인상 요구 당시부터 소급해서 적용될 수 있다.

건물 매매로
임대인이 바뀌면
계약해지요구가 가능할까

Q. | 영업 중인 건물이 매매되어 임대인이 바뀌었는데 새로운 임대인
이 맘에 들지 않은 임차인은 계약을 해지할 수 있을까?

임차건물의 양수인은 임대인의 지위를 승계하게 된다(「상가건물
임대차보호법」 제3조 제2항). 따라서 특별한 사유가 없는 한 임대인
이 임의로 임차목적물을 매도하면, 매수자는 임대인의 권리와 의무
를 포괄적으로 이전받아 임차인과 임대차관계를 가지게 된다. 따라
서 임차인은 임대인이 바뀌었다는 이유만으로 임대차계약을 해지
할 수 없다.

하지만 임차인의 의사와 무관하게 임대인이 변경되었을 때 임차
인의 입장에서 새 임대인에게 그 의무의 승계를 인정하는 것이 불
리하고, 임대인 변경이 임대차관계를 계속시키기 어려운 배신적 행
위가 될 수 있다면, 그때 임차인은 임대차계약의 종료를 주장할 수
있을 것이다.

임대차계약

「상가건물 임대차보호법」 적용이 되지 않는 상가 임대인의 계약해지요구

Q. 환산보증금 초과인 임대차계약의 묵시적 갱신 상태에서 임대인이 갑자기 계약을 해지한다고 하는데 어떻게 하나?

환산보증금이 일정 금액을 초과하는 경우, 임대차기간이 만료한 후 임차인이 임차물의 사용, 수익을 계속하는 경우에 임대인이 상당한 기간 내에 이의를 하지 않을 때는 전(前) 임대차와 동일한 조건으로 다시 임대차한 것으로 본다.

이 경우 「민법」의 적용을 받아 임대인은 묵시적 갱신 중에는 언제든지 계약해지의 통고를 할 수 있고, 임차인이 그 통고를 받은 날로부터 6개월이 지나면 해지의 효력이 발생한다.

∣ 폐업으로 인한 임차인의 해지권

임차인은 규제 「감염병의 예방 및 관리에 관한 법률」 제49조 제1

항 제2호에 따른 집합 제한 또는 금지 조치(「감염병의 예방 및 관리에 관한 법률」 제49조 제1항 제2호의2에 따라 운영시간을 제한한 조치 포함)를 총 3개월 이상 받음으로써 발생한 경제 사정의 중대한 변동으로 폐업한 경우에는 임대차계약을 해지할 수 있다(「상가건물 임대차보호법」 제11조의2 제1항).

해지는 임대인이 계약해지의 통고를 받은 날부터 3개월이 지나면 효력이 발생한다(「상가건물 임대차보호법」 제11조의2 제2항).

위 규정은 「상가건물 임대차보호법」 시행 당시 존속 중인 임대차에도 적용한다[「상가건물 임대차보호법」(법률 제18675호) 부칙 제2조].

임대차계약

계약한 내용과 다를 경우 손해배상청구

Q. A는 지정업종이 약국으로 된 상가 606호의 소유자인 B와 임차계약을 체결하고 약국을 운영하고 있었는데, '비뇨기과의원'이 지정업종인 D 소유 상가 705호를 C가 임차하여 약국을 운영하게 되었다. A는 상가 분양 혹은 임차 시 당해 상가가 지정업종을 정해 분양하고 있었으므로 이를 믿고 임차하였으나, 지정업종을 위배하여 같은 업종인 약국이 1개 층 위에서 추가로 개설됨으로써 막대한 영업상 피해를 입고 폐업 위기에 몰리게 되자, 약국 운영자이자 임차인 A는 소유자인 B와 함께 지정업종을 위배한 C와 D를 상대로 동종업종의 영업금지를 청구하는 내용의 가처분 신청을 하였다. 지정업종 계약에 따른 손해배상은 어떻게 될까?

채무자들의 업종제한의무 위반으로 인하여 약국의 정상적인 영업이 불가능한 상황에 이르렀고, 영업부진은 채무자들의 위와 같은 업종제한의무 위반에 기인한 것으로 판단되는 점으로 비추어, 채권자 1에게는 가처분으로 시급히 채무자들의 업종제한의무 위반행위를 금지할 보전의 필요성이 있다고 보아야 한다.

점포 소유자인 채권자 2도 비록 위 채권자가 점포를 임대하여 현재 고정적인 임대수익을 얻고 있다 하더라도, 즉각적인 영업중단 조치를 구할 수 없으면, 자신의 점포 임차인의 매출 감소 등의 손해를 초래하는 데 그치지 않고, 임차인의 월차임 감액 등 임대차계약조건의 변경이나 임대차계약의 해지 요구, 나아가 임대인으로서 적절한 조치의 이행 및 불이행 시의 손해배상 요구 등으로 이어지고, 더 나아가 점포 가치의 하락으로 연결될 것이어서, 채권자 2에 대해서도 채무자들이 약국 영업을 계속함으로써 현저한 손해나 급박한 위험이 발생할 가능성이 크다고 보았다(2009. 09. 21.자 2009마389 결정)

잔금을 지급하였는데 임대인 때문에 상가 입주를 못 하고 있을 때

Q. 임대차계약을 체결하고 잔금까지 지급하였는데 임대인이 상가를 인도하지 않을 때 계약을 해약하고 손해배상청구 할 수 있을까?

임차인이 임대차계약에 따라 보증금을 완납했는데도 임대인이 임대목적물을 인도해 주지 않고 있다면, 임차인은 임대인의 채무불이행을 이유로 임대차계약을 해제하고 손해배상도 청구할 수는 있다.

임차인이 임대차계약을 해지하기 위하여는 최고의 절차가 필요하다. 임차인은 임대인을 상대로 내용증명서 등을 통해 최고를 할 수 있다. 상당한 기간을 두고 그 기간 내에 계약대로 상가를 인도할 것을 요구하고, 그런데도 인도하지 아니하면 계약을 해지할 수 있다. 또한, 손해배상을 청구하려면 임차인이 입은 손해가 임대인으로 인해 발생한 것이라는 것을 입증해야 할 것이다.

무상 사용권의
유효성

Q. | A 씨는 B 씨와 옷가게의 임대차계약을 체결하고, 옷가게를 하고 있었다. 그런데 알고 보니, B 씨는 상가를 지방자치단체에 기부채납 하고 일정 기간 동안 무상 사용권을 가지고 있는 C 씨에게 점포를 임차한 자였고, C 씨의 무상 사용기간이 경과하여 지방자치단체는 C 씨에게 점포의 명도 등을 청구하고 있는 상태였다. 이때 A 씨와 B 씨의 상가건물 임대차계약은 유효하게 성립할 수 있을까?

임대차는 당사자 일방이 상대방에게 목적물을 사용 · 수익하게 할 것을 약정하고 상대방이 이에 대하여 차임을 지급할 것을 약정함으로써 성립하는 것으로서(「민법」 제618조), 임대인이 그 목적물에 대한 소유권 그 밖에 이를 임대할 권한이 없다고 하더라도 임대차계약은 유효하게 성립한다. 따라서 임대인은 임차인이 그 목적물을 완전하게 사용 · 수익하게 할 의무가 있고, 또한 임차인은 이러한 임대인의 의무가 이행불능이 되지 않는 한 그 사용 · 수익의 대가로 차임을 지급할 의무가 있으며, 그 임대차관계가 종료되면 임

임대차계약

차인은 임차목적물을 임대인에게 반환해야 할 의무가 있다(대법원 2009. 9. 24. 선고 2008다38325 판결). 따라서 A 씨와 B 씨의 상가건물 임대차계약은 유효하게 성립한다.

다만, A 씨는 진실한 소유자로부터 목적물의 반환청구나 임료, 그 해당액의 지급요구를 받는 등의 이유로 임대차목적물을 사용·수익하게 할 수 없게 되면 임대인 B 씨의 채무는 이행불능으로 되고 A 씨는 이행불능으로 인한 임대차의 종료를 이유로 그때 이후 임대인의 차임지급청구를 거절할 수 있다(대법원 2009. 9. 24. 선고 2008다38325 판결).

치킨을 판매한다고 하면
치킨만 팔아야 하나

Q. | A 씨는 B 씨의 상가건물의 한 점포를 임대차하면서, 특약사항에 "치킨 판매 영업에 한함"이라고 업종제한 특약을 하였다. A 씨는 치킨집을 개업하면서 생맥주시설 등을 설치하여, 치킨을 팔면서 맥주도 함께 팔았다. 이에 대해 B 씨는 맥주 판매가 특약사항 위반이라며 맥주 판매를 중단할 것을 요구하였을 때, A 씨는 맥주 판매를 중단해야 할까?

A 씨처럼 계약상 업종제한약정이 있기는 하지만 그 업종의 의미 및 영업 범위에 관해 따로 정함이 없는 경우에는 그 업종의 사전적 의미, 일반적으로 행해지는 그 업종의 영업내용, 한국표준산업분류표의 분류기준 등을 모두 종합하여 결정하되, 획일적·절대적으로 결정할 것이 아니라 상가가 위치한 도시와 아파트단지의 규모, 그 상가의 크기와 상권형성 정도, 인근 동종업종의 상황 등도 고려하여 판단해야 한다.

150

일반적으로 '치킨 판매 영업'은 '규모가 비교적 작은 접객시설 및 조리시설을 갖추고 닭을 여러 가지 방법으로 조리하여 판매하되, 이에 부수하여 음료수와 맥주 등의 주류도 판매하는 영업으로서 한국표준산업분류표상 기타음식점업의 일종'이라 할 것이므로 치킨을 팔면서 부수적으로 맥주를 파는 것은 허용된다. 그러나 A 씨처럼 생맥주판매시설을 구비하여 실질적으로 호프 판매 영업을 한 경우에는 지정된 업종인 치킨 판매에 일반적으로 수반되는 맥주 판매의 정도를 넘는 것으로 업종제한 특약을 위반한 것이라고 하였다(대법원 2006다63747 판결).

업종제한계약을 했을 때 임차인의 의무

Q. A 씨는 상가건물을 임대차하면서 분식업에 한정한다는 업종제한
약정을 하였다. 그러나 A 씨는 후에 상가건물 내에서 일부 점포만
업종제한약정을 한 것을 알았을 때, A 씨는 업종제한약정을 지킬
의무가 있을까?

점포별로 업종을 지정하여 임대차한 경우 그 임차인은 특별한 사
정이 없으면 그 상가의 다른 임차인들에 대한 관계에서 상호 간에
명시적이거나 또는 묵시적으로 약정한 업종제한 등의 의무를 수인
하기로 동의하였다고 보는 것이 타당하므로, 상호 간의 업종제한에
관한 약정을 준수할 의무가 있다. 그리고 이때 전체 점포 중 일부
점포에 대해서만 업종이 지정된 경우라고 하더라도, 특별한 사정이
없으면 적어도 업종이 지정된 점포의 임차인들 사이에서는 여전히
같은 법리가 적용된다고 보아야 한다(대법원 2007다8044 판결).

임대차계약 전
확인 사항

❙ 임대인

임대인은 임대차계약에서 임차목적물을 사용·수익할 수 있도록 해 주고, 그에 대한 대가로서 차임을 받기로 한 한쪽 당사자이다. 상가건물의 경우에는 그 건물의 소유자가 임대인이 되는 것이 보통이나, 그 건물에 대한 처분권이 있거나 적법한 임대권한을 가지고 있는 사람도 임대인이 될 수 있다.

1. 상가건물의 소유자와 계약을 체결하는 경우에는 소유자의 주민등록증으로 등기부상 소유자의 인적사항과 일치하는지를 확인해야 한다.

2. 소유자의 배우자도 가능하다. 「민법」은 부부평등의 원칙에 따라 부부 상호 간에는 일상적인 가사에 관해 서로 대리권이 있다고 규정하고 있다(「민법」 제827조 제1항). 그러나 상가건물

소유자의 처와 임대차계약을 체결하는 경우, 그 처가 자신의 대리권을 증명하지 못하는 이상 그 계약의 안전성은 보장되지 않는다. '일상적인 가사'란 부부의 공동생활에 통상적으로 필요한 식료품 구입, 일용품 구입, 가옥의 월세 지급 등과 같은 의식주에 관한 사무, 교육비·의료비나 자녀 양육비의 지출에 관한 사무 등이 그 범위에 속한다. 그러나 일상생활비로서 객관적으로 타당한 범위를 넘어선 금전 차용이나 가옥 임대, 부동산 처분행위 등은 일상적인 가사의 범위에 속하지 않는다고 보고 있다(대법원 93다16369 판결).

3. 상가건물의 공동소유자 중 일부와 임대차계약을 체결하는 경우에는 공유자 일부의 지분이 과반수인지를 등기부의 갑구에 기재되어 있는 공유자들의 소유권 지분으로 확인해야 한다. 공유 상가건물의 임대행위는 공유물의 관리행위에 해당하고, 공유물의 관리에 관한 사항은 지분의 과반수로 결정하도록 하고 있기 때문이다(「민법」 제265조, 대법원 88다카33855 판결).

4. 상가건물 소유자의 대리인과 임대차계약을 체결하는 경우에는 위임장과 인감증명서를 반드시 요구해야 한다. 위임장에는 부동산의 소재지와 소유자 이름 및 연락처, 계약의 목적, 대리인 이름·주소 및 주민등록번호, 계약의 모든 사항을 위임한다는 취지가 기재되고 연월일이 기재된 후 위임인(소유자)의 인감이 날인되어 있어야 한다. 인감증명서는 위임장에

임대차계약

찍힌 위임인(소유자)의 날인 및 임대차계약서에 찍을 날인이 인감증명서의 날인과 같아야 법적으로 문제가 발생하지 않기 때문에 반드시 인감증명서가 첨부되어야 한다.

※ 처분능력 또는 권한이 없는 사람이 상가건물을 임대차하는 경우에는 임대차기간이 3년을 넘지 못한다. 단기임대차는 기간만료 전 3개월 이내에 갱신할 수 있다(「민법」 제619조 제3호 및 제620조).

| 등록된 중개사무소

상가건물의 임대차계약을 체결하려는 당사자는 시장·군수·구청장에게 등록된 중개사무소에서 계약을 체결해야 한다. 등록된 중개사무소인지 아닌지는 해당 중개사무소 안에 게시되어 있는 중개사무소등록증, 공인중개사 자격증 및 사업자등록증 등으로 확인할 수 있다.

| 등록사항의 열람 또는 제공 신청

상가건물의 임대차에 이해관계가 있는 자는 관할 세무서장에게 해당 상가건물의 확정일자 부여일, 차임 및 보증금 등 정보의 제공을 요청할 수 있다. 이 경우 요청을 받은 관할 세무서장은 정당한 사유 없이 이를 거부할 수 없다.

임대차계약을 체결하려는 자는 임대인의 동의를 받아 관할 세무서장에게 위에 따른 정보제공을 요청할 수 있다. 정보의 제공을 요청할 수 있는 이해관계가 있는 자(이하 '이해관계인'이라 함)는 다음에 해당하는 자이다.

- ➡ 해당 상가건물 임대차계약의 임대인 · 임차인
- ➡ 해당 상가건물의 소유자
- ➡ 해당 상가건물 또는 대지의 등기부에 기록되어 있는 환매권자, 지상권자, 전세권자, 질권자, 저당권자 · 근저당권자, 임차권자, 신탁등기의 수탁자, 가등기권리자, 압류채권자 및 경매개시결정의 채권자
- ➡ 우선변제권을 승계한 금융기관 등
- ➡ 위의 자에 준하는 지위 또는 권리를 가지는 자로서 임대차 정보의 제공에 관하여 법원의 판결을 받은 자

Ⅰ 이해관계인 등이 요청할 수 있는 정보의 범위

① 임대차계약의 당사자는 관할 세무서장에게 다음 각 호의 사항이 기재된 서면의 열람 또는 교부를 요청할 수 있다.
  1. 임대인 · 임차인의 인적사항(다만, 주민등록번호 및 외국인등록번호의 경우에는 앞 6자리에 한정한다)
  2. 상가건물의 소재지, 임대차목적물 및 면적
  3. 사업자등록신청일
  4. 보증금 · 차임 및 임대차기간

5. 확정일자 부여일

6. 임대차계약이 변경되거나 갱신된 경우에는 변경 · 갱신된 날
   짜, 새로운 확정일자 부여일, 변경된 보증금 · 차임 및 임대차
   기간

7. 그 밖에 법무부령으로 정하는 사항

② 임대차계약의 당사자가 아닌 이해관계인 또는 임대차계약을 체
결하려는 자는 관할 세무서장에게 다음 각 호의 사항이 기재된
서면의 열람 또는 교부를 요청할 수 있다.

1. 상가건물의 소재지, 임대차목적물 및 면적

2. 사업자등록신청일

3. 보증금 및 차임, 임대차기간

4. 확정일자 부여일

5. 임대차계약이 변경되거나 갱신된 경우에는 변경 · 갱신된 날
   짜, 새로운 확정일자 부여일, 변경된 보증금 · 차임 및 임대차
   기간

6. 그 밖에 법무부령으로 정하는 사항

| 건축물대장의 확인

건축물대장은 건축물의 소유 · 이용 상태를 나타내어 건축물과
대지의 현황 및 지하수위, 기초형식, 설계지내력, 구조설계 해석법,
내진설계 적용 여부, 내진능력, 특수구조물 해당 여부, 특수구조건

축물의 유형 등 건축물의 구조내력(構造耐力)에 관한 정보를 표시하고 있는 공적장부이다. 건축물대장을 발급받은 임차하려는 건물의 용도가 창업하려는 음식점 영업 형태에 적합한지 확인해야 한다.

▌토지대장의 확인

토지대장은 토지의 소재지, 지번, 지목, 면적, 토지의 소유자가 기록되어 있는 공적장부이다. 토지대장에 기재된 토지의 소재지와 지번이 임차하려는 상가건물의 토지 소재지 및 지번과 일치하는지를 확인해야 한다.

▌토지이용계획확인서의 확인

'토지이용계획확인서'는 지역·지구 등의 지정내용과 그 지역·지구 등 안에서의 행위제한 내용이 기재되어 토지의 이용 및 도시계획 시설 결정 여부 등을 알 수 있다. 토지이용계획확인서에서 해당 상가건물의 용도지역, 용도지구, 용도구역의 지정 여부 등을 확인해야 한다.

▌등기부(등기사항전부증명서)의 확인

'등기부'란 전산정보처리조직에 의해 입력·처리된 등기정보자료를 대법원규칙으로 정하는 바에 따라 편성된 해당 등기소에 비치된 토지·건물의 등기를 하는 공부(公簿)를 말하며, 등기부는 토지 등기부와 건물등기부로 구분된다. 부동산등기부에서 해당 건물의 소재, 지번, 지목 등에 관한 현황 및 소유권, 지상권, 전세권, 저당권 등 권리관계를 확인해야 한다.

Ι 임대차계약의 성립

'임대차계약'이란 임대인이 임차인에게 목적물을 사용·수익하게 할 것을 약정하고 임차인이 이에 대하여 차임을 지급할 것을 약정함으로써 성립하는 계약을 말한다(「민법」 제618조).

임대차는 임대인과 임차인 사이에 목적물을 사용·수익하고자 하는 약정에 의하여 성립한다(「민법」 제618조 참조). 다만, 농지의 경우에는 임대차를 원칙적으로 제한하고 예외적인 경우에만 인정하고 있다(규제 「농지법」 제23조 참조).

Ι 민법과 상가건물 임대차의 주요 차이점

대항력의 취득은 「상가건물 임대차보호법」의 경우에 상가건물을 인도받고, 사업자등록을 신청한 다음 날부터 제3자에 대해 대항할 수 있으나 「민법」의 경우, 제3자에게 대항하기 위해서는 임대차 등기 해야 하고, 등기한 때부터 제3자에게 대항할 수 있다(「민법」 제621조).

임대차의 존속기간은 일반적으로 당사자의 약정에 따라 정한 기간이 만료될 때까지이나 「상가건물 임대차보호법」의 경우 임대차의 존속기간은 최소한 1년간 보장된다. 다만, 임차인은 1년 미만으로 계약을 한 경우 정한 기간이 만료되면 임대차계약의 종료를 주장할 수는 있다(「상가건물 임대차보호법」 제9조 제1항).

차임의 증감청구는 「상가건물 임대차보호법」의 경우에는 임차건물에 관한 조세, 공과금 그 밖의 부담 증감이나 「감염병의 예방 및 관리에 관한 법률」 제2조 제2호에 따른 제1급 감염병 등에 의한 경제 사정의 변동으로 차임 또는 보증금이 적정하지 않다고 판단하게 된 경우 임차인과 임대인 양 당사자는 그 증감을 청구할 수 있다. 다만, 임대인의 증액청구의 경우 청구 당시의 차임 또는 보증금의 5%의 범위에서만 증액을 청구할 수 있으나, 「민법」의 경우에는 상가건물에 대한 공과 부담의 증감이나 그 밖의 경제 사정의 변동으로 약정한 차임이 적정하지 않다고 판단하게 된 경우 임차인과 임대인 양 당사자는 이후의 차임에 대한 증감을 청구할 수 있다(「민법」 제628조).

묵시의 갱신은 「상가건물 임대차보호법」의 경우 임대차기간이 만료되기 전 6개월~1개월 사이에 임대인이 임차인에게 갱신 거절의 통지 또는 조건 변경의 통지를 하지 않으면 전 임대차와 동일한 조건으로 다시 임대차계약이 갱신되는 것으로 본다. 이 경우 임대차의 존속기간은 1년으로 보게 되나 「민법」의 경우 상가건물에 대한 임대차기간이 만료된 후 임차인이 그 건물을 계속 사용·수익하는 경우, 임대인이 상당한 기간 내에 이의를 제기하지 않으면 전 임대차와 동일한 조건으로 다시 임대차한 것으로 본다(「민법」 제639조 제1항). 묵시의 갱신 이후 해지 통고에서 「상가건물 임대차보호법」의 경우는 임대인은 1년 이내에 해지 통고를 할 수 없다. 그러나 임차인은 1년 이내라도 임대인에게 계약해지를 통고할 수 있고, 임대인이 통지를 받은 날부터 3개월이 지나면 임대차계약은 해지되나 「민법」의 경우에는 묵시의 갱신 이후 당사자는 언제든지 해지 통고를 할 수 있고, 임대인의 해지 통고는 6개월, 임차인의 해지 통고는 1개월이 지나면 임대차계약은 해지된다(「민법」 제635조 및 제639조 제1항 단서).

┃ 계약서 특약사항의 검토

상가건물 임대차를 하는 경우, 임차인은 불리한 조건으로 임대차계약을 하지 않기 위해 특약사항을 기재할 필요가 있는지 검토할 필요가 있다. 이에 따라 『상가건물 임대차 표준계약서』에서는

① 입주 전 수리 및 개량, ② 임대차기간에 수리 및 개량, ③ 임차 상가건물 인테리어, ④ 관리비의 지급 주체, 시기 및 범위, ⑤ 귀책사유 있는 채무불이행 시 손해배상액예정 등을 특약사항의 예시로 하여 사전에 관리관계를 명확히 정할 수 있도록 하였고, 다음의 사항을 특약사항으로 고려하는 것도 가능하다.

1. 임차인이 임차상가건물을 인도받을 때까지 저당권 등의 권리 설정을 하지 않겠다는 사항으로 상가건물 임대차계약 후 그 상가건물에 입주하는 날까지 상당한 기간이 걸리는 경우가 보통이므로, 그 사이에 임대인이 다른 사람에게 근저당권 등을 설정할 수 없도록 하고, 이를 위반하면 임대차계약을 해제하고 손해배상을 받을 수 있도록 하는 취지의 약정해 둘 필요가 있다. 만약, 임차인이 입주하기 전에 근저당권 등의 권리가 설정되게 되면, 임차권은 그 설정된 권리보다 후순위가 되어 보증금을 돌려받는 데 문제가 생길 수 있기 때문이다.

2. 임차인이 입주하기 전에 발생한 임차상가건물의 하자는 임대인이 직접 수리한다는 사항으로 입주 시에 발견하기 어려운 보일러의 고장이나 누수 등의 수리비용부담에 대해 서로의 책임 범위를 명확히 하기 위해 약정을 해 두는 것이 좋다. 그리고 임차인이 입주하기 전에 발생한 임차상가건물의 하자는 임대인의 비용으로 수리하고, 입주일부터 가까운 시일 내에 보일러 등에 고장이 발견된 경우 그 고장은 인도받기 전에 발생한 것으로 추정한다는 취지의 문구를 넣어 두는 것이 좋다.

3. 입주 전의 기간에 대한 공과금의 부담에 관한 사항으로 종전의 임차인이 전기요금, 수도요금 등의 공과금을 내지 않고 이사 가는 경우 임차인이 곤란을 겪게 되는 경우가 있다. 이를 방지하기 위해 입주하기 전의 기간에 대한 공과금 미납 부분에 대

해서는 임대인이 책임질 수 있도록 약정해 두는 것이 좋다.

4. 임대인이 업종을 지정하는 경우에는 임대인이 임대차계약을 체결하면서 업종을 지정하는 경우, 임차인은 계약서에 기재된 업종으로 개업해야 한다. 따라서 임대인이 업종을 지정하는 경우에는 임대인의 동의를 얻으면 지정된 업종을 변경할 수 있다는 취지의 특약을 해 두는 것이 계약 후 발생할 문제를 미리 방지할 수 있다. 업종의 지정을 약정한 경우에는, 지정된 업종이 허가나 신고를 해야 하는 업종인지를 확인하여 임대차계약 이후 지정된 업종이 허가 또는 신고되지 않는 불미스러운 행정절차의 발생을 피해야 한다.

5. 권리금이 있는 경우 권리금은 임대차목적물인 상가건물에서 영업하는 사람 또는 영업을 하려는 사람이 영업 시설 · 비품, 거래처, 신용, 영업상의 노하우, 상가건물의 위치에 따른 영업상의 이점 등 유형 · 무형의 재산적 가치의 양도 또는 이용 대가로서 임대인, 임차인에게 보증금과 차임 이외에 지급하는 금전 등의 대가로서(「상가건물 임대차보호법」 제10조의3 제1항), 전 임차인에게 권리금을 지급하고 상가건물에 입주한 임차인에게는 권리금 회수가 중요한 문제가 된다. 상가건물 소유자가 계약 만료 후 계속 상가건물을 임대하지 않을 때는 권리금을 회수할 방법이 없고, 권리금은 상가건물 소유자와는 아무런 관련이 없으므로, 최대한 임차인이 지급한 권리금을 회수

하기 위해 권리금 회수에 관한 사항을 약정하는 것이 좋다. 만약, 임대인이 상가건물을 사용할 목적으로 임대차기간의 만료 시 계약갱신을 해 주지 않을 경우를 대비하여, 예를 들어, 임차인이 나중에 임차권을 승계한 자로부터 권리금을 수수하는 것을 임대인이 용인하고, 나아가 임대인이 정당한 사유 없이 명도를 요구하거나 점포에 대한 임대차계약의 갱신을 거절하고 다른 사람에게 처분하면서 권리금을 받지 못하도록 하는 등으로 임차인의 권리금 회수기회를 박탈하거나 권리금 회수를 방해하는 경우에 임대인이 임차인에게 직접 권리금 지급을 책임지겠다는 취지의 약정을 해 두는 것이 좋다(대법원 2000다4517, 4524 판결).

6. 상가건물의 주차장 등의 이용에 관한 약정이 있는 경우 상가건물의 주차장, 창고, 화장실 또는 간판의 부착과 같은 건물 부속물의 이용에 관한 사항을 약정하여 주차할 수 있는 차량의 수 및 유료사용 문제, 창고의 사용범위, 상가건물에 부착할 수 있는 간판의 크기 등과 같은 문제를 약정해 두는 것이 좋다.

임대차계약 후 확인 사항

ㅣ 상가건물 임대차계약서

개업공인중개사가 중개행위를 할 때 고의 또는 과실로 거래당사자에게 재산상의 손해를 발생하게 한 경우 거래당사자는 개업공인중개사에게 손해배상을 청구할 수 있다. 또한, 개업공인중개사가 적정하게 거래계약서를 작성·교부하지 않거나 보존하지 않으면 등록관청은 6개월의 범위에서 기간을 정해 개업공인중개사에게 업무 정지를 명할 수 있다.

ㅣ 중개대상물 확인·설명서

개업공인중개사가 중개대상물확인·설명서를 작성해 주지 않거나, 그 작성된 내용이 사실과 달라 재산상의 손해가 발생한 경우 거래당사자는 개업공인중개사에게 손해배상을 청구할 수 있다. 또한, 개업공인중개사가 중개대상물확인·설명서를 교부하지 않거나 보존하지 않으면 등록관청은 6개월의 범위 안에서 기간을 정해 개업 공인중개사에게 업무 정지를 명할 수 있다.

| 개업공인중개사가 중개 사고에 대비하기 위해 보증보험 또는 공제 조합에 가입하고 받은 공제증서

손해배상책임에 관한 사항을 설명하지 않거나 관계 증서의 사본 또는 관계 증서에 관한 전자문서를 교부하지 않으면 개업공인중개 사는 100만 원 이하의 과태료가 부과된다. 또한, 개업공인중개사가 손해배상책임을 보장하기 위한 조치를 이행하지 않고 업무를 개시 한 경우 등록관청은 중개사무소의 개설등록을 취소할 수 있다.

| 유의사항

임대차계약당사자는 보증보험 또는 공제에 가입한 개업공인중개 사의 중개를 받는 것이 안전하다(규제「공인중개사법 시행규칙」제10 조). 개업공인중개사는 고의 또는 과실로 거래당사자에게 재산상의 손해가 발생한 경우 그 손해를 배상할 책임이 있고, 이를 위해 보증 보험이나 공제에 가입해야 하기 때문이다(규제「공인중개사법」제30 조 제1항 및 제3항).

권리금계약에 따른
중개보수(수수료)는 얼마

Q. 새로운 임차인을 찾기 위해 운영하던 상가를 부동산중개사무소에 의뢰하였을 경우 권리금에 대한 중개보수 요율이 법으로 정해져 있는지?

영업용 건물의 영업 시설, 비품 등 유형물이나 거래처, 신용, 영업상의 노하우 또는 점포 위치에 따른 영업상의 이점 등 무형의 재산적 가치의 양도에 따른 권리금은 중개대상물이 아니므로 개업공인중개사의 중개보수 상한 요율을 적용받지 않는다. 따라서 의뢰인과 중개업자가 협의해서 결정할 수 있고, 양 당사자가 협의하여 그 약정에 따르면 될 것이다.

계약이 해제되었는데
중개보수를 내야 하나

Q. | 임대차계약이 체결되어 계약금을 받았고, 이후 임차인의 사정으
로 계약이 해제될 경우 중개보수를 지급해야 할까?

계약이 성립된 후 개업공인중개사의 고의 또는 과실 없이 임차인
의 일방적인 사유로 임대차계약이 해제되는 경우, 개업공인중개사
는 중개의뢰인에게 중개보수를 청구할 수 있다.

반면, 중개업자의 과실로 임대차계약이 해제된 경우 특별한 사유
가 없는 한 임차인은 지급했던 중개보수를 반환청구 할 수 있을 뿐
만 아니라, 그로 인해 발생한 손해배상도 청구할 수 있을 것이다.

실무에서 상가의 경우 최고 상한 요율이 0.9% 이내에서 협의하
게 되어 있으므로 원만한 협의를 통해 해결이 필요할 것이다.

임대차계약과 권리금계약을
동시에 했을 때
중개보수(수수료)는

Q. | 임대차계약과 권리금계약의 중개수수료를 모두 지급해야 하는지?

중개의뢰인과 중개업자는 임대차계약에 따른 중개보수는 「공인중개사법」으로 규정한 상한 요율 이내에서 협의하면 된다. 권리금에 대한 수수료는 상한 요율에 관한 규정 없이 양 당사자가 협의해서 결정하게 된다.

실무에서 상가의 경우 최고 상한 요율이 0.9% 이내에서 협의하게 되어 있으므로 원만한 협의를 통해 해결이 필요할 것이며, 권리금의 경우 중개업자의 업무 내용에 맞게 협의하여 정하면 될 것이다.

임차인이 계약해지를
요구할 경우
중개보수는 누가 내지

Q. 임대차계약이 묵시적 갱신이 된 상태에서 임차인이 계약해지로 새로운 임대차계약이 있을 때 중개보수는 누가 내야 할까?

중개보수 지급에 관한 별도의 약정이 없고 계약해지 등에 관한 일방 당사자의 과실이 없다면, 계약의 당사자가 중개보수를 부담해야 한다. 묵시적 갱신 중 해약 시에도 중개보수는 새로운 임대차계약의 당사자인 임대인과 새 임차인이 부담해야 할 것이다.

실무에서 임차인의 사정으로 임대차계약을 해지하더라도, 임대인으로서는 묵시적으로 갱신이 되지 않았을 때 중개보수를 지급했어야 하므로 특별한 사유가 없는 한 임대인에게 손해가 없는 것으로 볼 수 있다.

계약만기 전
임차인의 계약해지 시
중개보수를 지급해야 하나

Q. 임대차계약의 만기가 많이 남았으나 임차인의 사정으로 계약을 해지하게 되면 중개보수를 누가 내야 하는지?

원칙적으로 개업공인중개사는 중개업무에 관하여 의뢰인에게 소정의 중개보수를 청구할 수 있다. 임대계약 종료 전이지만 협의하여 임대차계약을 해지한 후 새롭게 체결되는 임대차계약의 중개보수는 특별한 사유가 없는 한 당사자인 임대인과 신규임차인이 중개보수를 부담해야 한다.

실무에서는 사적자치의 원칙에 따라 임차인의 사정으로 임대차계약을 중도 해지 하며 발생하는 중개보수는 원인자가 부담하는 것이 일반적이므로 참고할 수 있겠다.

임차인의 계약갱신요구 후
변심으로 계약해지요구

Q. 임차인이 구두상 계약갱신을 요구하였으나 이후 변심하여 계약해지를 요구할 때 임대차계약을 해지할 수 있을까?

임차인이 계약의 갱신을 요구하면, 임대인은 정당한 사유가 없는 한 임차인의 요구를 거절할 수 없어 임대차계약이 갱신된다. 임차인이 계약갱신을 요구했다면 임대차는 갱신되고, 갱신된 임대차는 전 임대차와 동일한 조건으로 다시 계약된다. 임차인이 계약갱신을 요구한 후 양 당사자가 계약기간을 합의했다면, 계약서 작성 여부와 무관하게 임대차는 재계약한 것으로 볼 수 있다.

계약서는 작성하지 않았지만, 임차인의 명시적인 계약의 갱신요구가 있었기 때문에 임차인에게 해지권이 없다. 임차인은 계약을 해지할 수 없고 갱신된 임대차계약의 만기일까지 임대료를 지급해야 할 것이다.

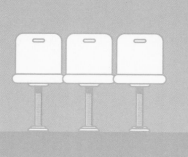

임대차
계약의
종료

계약 시 2개월 연체 시
즉시 계약해지 특약이 유효한지

Q. 임대차계약 당시 임대인의 요구로 월세 2개월 연체하면 계약을
해지하기로 어쩔 수 없이 계약서를 작성했는데 2개월 연체하면
해지될까?

「상가건물 임대차보호법」은 임차인의 차임 연체액이 3기의 차임액
에 달하는 때에 임대인이 계약을 해지할 수 있다고 규정하고 있다.

임대차계약 당시 서로가 한 2기 차임 연체 계약해지 약정은 「상
가건물 임대차보호법」 규정에 위반된 약정으로서, 임차인에게 불리
한 것이라면 특별한 사유가 없는 한 효력이 없다. 그러므로 임대인
의 주장대로 지금 당장 임대차계약이 해지된다고 할 수 없다. 임차
인은 계속 영업이 가능하겠다.

임대차계약의 종료

차임 연체의 의미

Q. 임대인은 연속적이지 않은 월차임 연체가 있어도 계약을 해지할 수 있을까?

임대인은 임차인의 차임 연체액이 3기의 차임액에 달하는 때에는 계약을 해지할 수 있다. 임차인이 연속해서 연체하는 것과 무관하게 차임 연체액이 통틀어서 3개월분에 이르면, 임대인은 임대차계약을 일방적으로 해지할 수 있다. 예를 들어 임차인이 2월과 5월, 9월분의 월차임을 지급하지 못한 차임의 합계가 3개월분이 되면, 임대인은 임대차계약을 해지할 수 있다는 것이다.

계약을 유지하고 있는 상태에서 임차인이 연체한 월세를 임대인에게 모두 지급했다면, 임대인은 임대차 만기 전 계약을 일방적으로 해지할 수는 없다. 다만, 임대인은 계약만기 시에 임차인의 계약 갱신요구를 거절할 수는 있는 것이다.

계약만기 20일 전
계약해지요구
가능 여부

Q. 임차인이 계약만기일 1개월 전이 아닌 20일 전에 계약해지를 요구할 수 있을까?

상가 임대차에서 기간만료 6개월 전부터 1개월 전까지의 기간에 갱신 거절이나 조건 변경의 통지를 하지 않으면 묵시적 갱신으로 인정하게 된다. 다만, 상가 임대차는 묵시적 갱신의 경우에 임대인이 임대차기간만료 6개월 전부터 1개월 전까지의 기간에 갱신을 거절하거나 조건 등의 변경을 통지하지 않았다 하더라도, 임차인은 갱신 거절 통지 시기에 대한 별도의 제한(규정)이 없으므로, 기간만료 전 1개월 이내의 기간에도 갱신 거절 통지를 하여 묵시적 갱신이 되는 것을 막고 기간만료로 계약을 종료시킬 수 있다.

실무에서는 임대인이 보증금반환을 위한 자금 마련의 시간적인 여유가 필요할 수 있으므로, 보증금반환 시기에 대하여는 협의해서 정하는 것이 좋을 것으로 생각한다.

계약만기 전
임차인의 계약해지요구
할 수 있나

> Q. 상가를 임차하여 운영 중인 임차인이 개인적인 사정으로 더는 영업을 할 수 없게 되었는데 임대차계약만기 전 상태에서 계약을 해지할 수 있을까?

임대차계약에서 임대인과 임차인 서로 간에 기간을 약정했을 때, 임차인이 임대차 도중에 계약을 해지할 수 있는 해지권을 유보하고 있거나 임차인이 임대차를 해지 요구할 정도의 임대인 과실이 있는 등의 특별한 사유가 있지 않으면 임차인은 일방적으로 계약을 해지할 수 없다. 특별한 경우를 제외하고는 임대인의 동의가 있어야만 임대차 도중에 해지할 수 있다.

실무에서는 임대인에게 얼마만큼의 위약금을 지급하는 조건을 제시하여 협의를 통해 계약을 해지할 수 있을 것이다.

| 폐업으로 인한 임차인의 해지권 (「상가건물 임대차보호법」 본조신설 2022. 1. 4.)

① 임차인은 「감염병의 예방 및 관리에 관한 법률」 제49조 제1항 제2호에 따른 집합 제한 또는 금지 조치(같은 항 제2호의2에 따라 운영시간을 제한한 조치를 포함한다)를 총 3개월 이상 받음으로써 발생한 경제 사정의 중대한 변동으로 폐업한 경우에는 임대차계약을 해지할 수 있다.
② 제1항에 따른 해지는 임대인이 계약해지의 통고를 받은 날부터 3개월이 지나면 효력이 발생한다.

임대차계약의 종료

건물 매매로
새로운 임대인이
나가라고 하면 나가야 하나

Q. 상가를 임차하여 운영 중인데 건물이 매매되어 새로운 건물주가 상가를 직접 사용하겠다고 계약을 해지하겠다고 하는데 그냥 나가야 할까?

상가 임대차에서는 최초의 임대차기간을 포함한 10년 이내의 범위에서 계약의 갱신을 요구할 수 있다. 이때 임대인은 임차인의 3기 차임 연체 등 법으로 규정된 갱신 거절 사유 이외의 이유로 갱신 요구를 거절할 수 없다. 임차인은 임대차계약이 만료되기 6개월 전부터 1개월 전까지 사이에 임대인에게 계약갱신을 요구하면, 임대인은 직접 사용을 이유로 계약의 갱신을 거절할 수 없다. 특별한 사유가 없는 한 임차인은 계약갱신을 요구함으로써 바뀐 임대인인 새 건물주와 계약서를 작성하지 않더라도, 「상가건물 임대차보호법」상 적법한 임차인으로 인정된다.

실무에서는 임차인은 혹시 모를 분쟁을 예방하기 위해 계약갱신을 요구한 자료를 수집하는 게 필요하다. 입증을 위한 자료로는 내용증명이나 전화 녹취 등을 이용하면 되겠다.

임대차계약의 종료

3개월 이상 연체가 있으면
나가야 하나

Q. 임차인이 이미 3개월분 이상의 월세를 연체하고 있어도 임대인에게 계약해지를 요구할 수 있을까?

「상가건물 임대차보호법」에서 임차인의 차임 연체액이 3기의 차임액에 달하는 때에는 임대인은 계약을 해지할 수 있다(같은 법 제10조의8). 계약서에 약정한 3기에 해당하는 차임 연체로 인한 해지권은 임대인에게만 있다는 것이다.

차임을 지급해야 하는 임차인이 의무를 어겼을 경우 계약의 해지 여부를 결정할 권한은 계약의 상대방인 임대인에게만 있는 것이다. 그러므로 임차인에게는 3기에 해당하는 차임 연체로 인해 해지 여부를 결정할 수 있는 권한이 없다고 하겠다.

건물 안전진단이 낮게 나와
임대인이 나가라고 하면
나가야 하나

Q. 오래된 건물에 입주하여 영업 중인데 임차한 건물의 안전진단 등급이 낮게 나왔다는 이유로 임대인은 임차인을 내보낼 수 있을까?

임대차계약 체결 당시 공사시기 및 소요기간 등을 포함한 철거 또는 재건축 계획을 임차인에게 구체적으로 고지하고 그 계획에 따를 때는, 임대차기간이 만료할 때 임대인은 임차인의 계약갱신요구를 거부할 수 있다.

임대인은 안전사고의 우려가 있는 E등급의 경우에 임차인에게 계약갱신을 거부할 수 있으나, 안전진단 D등급 정도의 사유만으로 임차인의 계약갱신요구를 거부할 수는 없을 것이다.

임대인의 관리비 인상 요구를 거부하면 계약이 해지되나

Q. 상가를 임차하여 사용 중인데 갑자기 임대인이 일방적으로 관리비 인상을 요구하였고, 임차인은 인상 요구를 거부하였는데 거부하면 계약이 해지될까?

임대인이 관리비 인상을 요구하더라도 임차인은 그것을 거부할 수 있고, 임대인이 일방적으로 관리비를 인상할 수는 없다. 따라서 임차인이 임대인의 관리비 인상 요구를 거부한다고 해서, 임대인이 임대차계약을 해지할 수는 없는 것이다.

실무에서 임차인은 기존 계약 내용대로 관리비를 지급하면서, 이후 양 당사자가 관리비 증감을 합의한다면 그에 따르면 된다.

계약이 만기가 되었는데도
임차인이 나가지 않을 때 임대인은
마음대로 계약해지가 가능할까

Q. 계약만기가 되었는데 임차인이 나가지 않을 때 임대인은 마음대로
계약을 해지하고 임차인이 사용하던 물건들을 들어내도 되는 걸까?

안된다. 계약이 만기되고 임차인이 나가지 않는다고 임대인이 임
의로 계약을 해지하고 임차인의 물건을 들어내는 것은 불가하다.
강제집행은 국가만이 할 수 있는 권한으로 임대인은 국가에 대해
강제집행을 신청할 수 있는 위치에 있을 뿐인 것이다. 만일, 법에서
정한 국가의 집행기관에 강제집행을 신청하지 않고, 계약당사자가
임의로 강제집행을 할 수 있는 것으로 약정하였다고 하더라도, 이
는 사회질서에 반하는 것으로 「민법」 제103조에 의하여 원칙적으
로 무효가 될 것이다.

새로운 임대인이 재건축한다고 나가라고 하면 나가야 하나

Q. 권리금을 주고 상가를 인수해 영업하고 있는데 건물이 매각되어 새로운 임대인이 상가를 철거하고 재건축하겠다며 계약을 해지하고 가게를 비워 달라고 하는데 나가야 하는지?

「상가건물 임대차보호법」에서 임대기간 보호가 가능하며, 임차인은 계약갱신요구권을 행사함으로써 10년간 임대인의 의사와 무관하게 영업할 수 있다. 전 임대인과 임대차계약 체결 후 상가건물이 매매되었으므로, 새로운 임대인은 전 임대차계약을 승계한 것으로 볼 수 있다. 다만, 임대인은 임대차계약 체결 당시 임대인이 공사시기 및 소요기간 등을 포함한 철거 또는 재건축 계획을 임차인에게 구체적으로 고지하고 그 계획에 따르는 경우나 다른 법령에 따라 철거 또는 재건축이 이루어지는 경우 등에만 제한적으로 임차인의 계약갱신요구를 거부할 수가 있다.

실무에서는 새로운 임대인이 재건축한다며 계약해지와 가게를 비워 달라는 요구는 일방적인 주장으로, 특별한 사유가 없는 한 임차인은 10년 동안 계약갱신요구권을 행사할 수 있다. 사업자등록을 갖춘 대항력 있는 임차인은 임대차기간이 만료되기 6개월 전부터 1개월 전까지 사이에 새 임대인을 상대로 계약갱신을 요구할 수 있으며, 임대인은 정당한 사유 없이 이를 거절하지 못한다.

┃ 임대차기간의 만료

임대차기간의 약정이 있는 임대차의 경우 계약기간이 종료하면 임대차는 종료된다. 기간의 약정이 있는 임대차의 경우 묵시의 갱신이 되는 등 특별한 사정이 없으면 기간이 끝나면 사전 최고나 해지를 하지 않아도 임대차는 종료한다(대법원 68다1537 판결).

예외적 경우로 임대차계약의 당사자 일방 또는 쌍방이 계약기간 내에 계약을 해지할 권리를 행사하지 않고 보류한 경우 당사자는 언제든지 계약해지의 통고를 할 수 있다(「민법」 제636조). 예를 들어, 당사자가 임대차계약을 체결하면서 그 계약서에 "부득이한 사유가 생기면 임차인이 통보한 날부터 1개월 후에 계약이 해지된 것으로 본다."라는 해지권 유보의 특약을 한 경우에는 임대차기간의 약정이 있더라도 그 부득이한 사유를 증명한 후 중도에 임대차계약을 해지할 수 있다(「민법」 제636조).

임차인이 파산선고를 받으면 임대인 또는 파산관재인은 언제든지 계약해지의 통고를 할 수 있다(「민법」 제637조 제1항). 이 경우 각 당사자는 계약해지로 인해 생긴 손해배상을 상대방에게 청구할 수 없다(「민법」 제637조 제2항).

▎ 손해배상

임대차계약이 해지되어도 상대방에게 잘못이 있으면 그에 따른 손해배상을 청구할 수 있다(「민법」 제551조). 다만, 임차인의 파산으로 임대차계약이 해지된 경우, 계약해지로 인한 손해는 청구하지 못한다(「민법」 제637조).

▎ 임차상가의 반환 및 임차보증금의 반환

임대차가 종료되면, 임대차계약의 내용에 따라 임차인은 임차상가건물을 반환할 의무 등을 지게 되고, 임대인은 보증금을 반환할 의무를 지게 된다. 따라서 임차인은 차임지급의무를 지는 한편 보증금을 반환받을 때까지 임차상가건물의 인도를 거절하는 동시이행항변권을 가지게 되고(대법원 1977. 9. 28. 선고 77다1241, 1242 전원합의체 판결), 임대인은 차임지급청구권을 가지는 한편 임차상가건물을 인도받을 때까지 보증금의 지급을 거절하는 동시이행항변권을 가지게 된다.

▎ 임대차기간의 약정이 없는 경우

임대차기간의 약정이 없는 경우「상가건물 임대차보호법」에서는 최소 임대기간을 1년으로 보고 있다. 하여「상가건물 임대차보호법」적용이 가능한 상가건물의 경우 최소 임대기간은 1년으로 볼 수 있다. 하지만「상가건물 임대차보호법」적용이 되지 않는 상가건물일 경우에 임대차기간의 약정이 없는 경우 당사자는 언제든지 계약해지의 통고를 할 수 있다(「민법」제635조 제1항).

▎ 임대차계약의 중도 해지

임대차기간의 약정이 있더라도 다음과 같은 사유가 있는 경우에는 임대차계약을 중도에 해지할 수 있다. 이 경우에는 해지의 의사표시가 상대방에게 도달한 때 임대차는 종료된다.

① 임차인이 임대차계약을 해지할 수 있는 경우
  ➡ 임대인이 임차인의 의사에 반하여 보존행위를 하는 경우 임차인이 이로 인해 임대차의 목적을 달성할 수 없는 때(「민법」제625조)
  ➡ 상가건물의 일부가 임차인의 과실 없이 멸실 그 밖의 사유로 사용·수익할 수 없는 경우 그 잔존 부분으로 임차의 목적을 달성할 수 없는 때(「민법」제627조)

② 임대인이 해지할 수 있는 경우

→ 임차인이 임대인의 동의 없이 임차권을 양도하거나 임차상가 건물을 전대한 경우(「민법」 제629조 제2항).

→ 임차인이 3회에 걸쳐 차임을 연체한 경우(「상가건물 임대차보호법」 제10조의8)

→ 임차인이 상가건물을 계약 또는 그 상가건물의 성질에 따라 정하여진 용법으로 이를 사용 · 수익하지 않은 경우(「민법」 제654조에 따른 제610조 제1항의 준용)

※ 차임 연체 및 해지 규정은 지역별로 정해진 보증금의 일정 기준금액을 초과하는 임대차에 대해서도 적용한다(「상가건물 임대차보호법」 제2조 제3항).

| 해지 통고

임대차기간의 약정이 없는 때에는 당사자는 언제든지 계약해지의 통고를 할 수 있다. 이 경우 상대방이 계약해지의 통고를 받은 날로부터 다음의 기간이 경과하면 해지의 효력이 생긴다(「민법」 제635조).

토지, 건물이나 기타 공작물에 대하여는 임대인이 해지를 통고한 경우에는 6월, 임차인이 해지를 통고한 경우에는 1월, 동산에 대하여는 5일이다.

※ 이는 편면적 강행규정이다(「민법」제652조).

임대차기간의 약정이 있는 경우에도 당사자 일방 또는 쌍방이 그 기간 내에 해지할 권리를 보류한 때에는 위 기간의 약정 없는 임대차의 해지 통고를 준용한다(「민법」제636조). 또한, 임차인이 파산선고를 받으면 임대차기간의 약정이 있는 때에도 임대인 또는 파산관재인은 「민법」제635조에 따라 계약해지의 통고를 할 수 있다. 이 경우 각 당사자는 상대방에 대하여 계약해지로 인하여 생긴 손해의 배상을 청구하지 못한다(「민법」제637조).

ㅣ 해지 통고의 전차인에 대한 통지

임대차계약이 해지의 통고로 인하여 종료된 경우에 그 임대물이 적법하게 전대되었을 때에는 임대인은 전차인에 대하여 그 사유를 통지하지 아니하면 해지로써 전차인에게 대항하지 못한다(「민법」제638조 제1항). 전차인이 위의 통지를 받은 때에는 「민법」제635조 제2항을 준용한다(「민법」제638조 제2항).

┃ 즉시 해지가 가능한 경우

구분	내용
① 임대인이 임차인의 의사에 반해 보존행위를 하는 경우	■ 임대인이 임차인의 의사에 반하여 보존행위를 할 때 임차인이 이로 인하여 임차의 목적을 달성할 수 없는 때에는 계약을 해지할 수 있다(「민법」 제625조).
② 일부멸실 후 잔존 부분으로 임차목적을 달성할 수 없는 경우	■ 임차물 일부가 임차인의 과실 없이 멸실이나 기타 사유로 인하여 사용·수익할 수 없는 때에는 임차인은 그 부분의 비율에 따른 차임의 감액을 청구할 수 있는데, 그 잔존 부분으로 임차의 목적을 달성할 수 없는 때에는 임차인은 계약을 해지할 수 있다(「민법」 제627조).
③ 임차권을 동의 없이 양도, 전대한 경우	■ 임차인은 임대인의 동의 없이 그 권리를 양도하거나 임차물을 전대하지 못하는데, 임차인이 이를 위반한 때에는 임대인은 계약을 해지할 수 있다(「민법」 제629조).
④ 2기의 차임액을 연체한 경우	■ 건물이나 기타 공작물의 임대차에는 임차인의 차임 연체액이 2기의 차임액에 달하는 때에는 임대인은 계약을 해지할 수 있다(「민법」 제640조). ■ 건물이나 기타 공작물의 소유 또는 식목, 채염, 목축을 목적으로 한 토지임대차도 2기의 차임액의 연체가 있는 경우 계약을 해지할 수 있다. 이 경우 그 지상에 있는 건물이나 기타 공작물이 담보물권의 목적이 된 때에는 「민법」 제288조를 준용한다(「민법」 제641조 및 제642조). ※ 이는 편면적 강행규정이며, 일시사용을 위한 임대차에는 적용되지 않는다(「민법」 제652조 및 제653조).

임차인이
새로운 임차인을 구했을 경우
임대차계약기간

Q. 임차인의 사정으로 새로운 임차인을 구해 계약해지를 요구하자 임대인은 새로운 임차인에게 남은 기간 1년만을 계약해 주겠다고 하면 임대기간 보호가 가능할까?

임대인과 임차인은 협의를 통해서 임대차기간을 자율적으로 결정할 수 있다. 그리고 특별한 사정이 없으면 양 당사자의 합의는 원칙적으로 유효하게 된다. 하지만, 계약 당시 새로운 임차인과의 계약으로 갱신할 수 없다고 약정을 했어도 그 내용이 임차인에게 불리한 내용이라면 「상가건물 임대차보호법」에 따라 효력이 없다. 임대인의 요구로 1년의 기간으로 임대차계약을 약정하였다고 하여도, 임차인은 「상가임대차법」의 계약갱신요구권을 행사함으로써 최초 임대차기간을 포함하여 10년간 영업할 수 있다.

임차인의 사정으로 언니 명의로
임차인을 변경하였을 경우
임대기간 보호

Q. 임차인의 사정으로 언니 명의로 임대차계약을 변경하여 임차인이
변경되었을 경우 새롭게 10년을 보호받을 수 있을까?

기본적으로 임차인 본인과 언니는 전혀 다른 주체이기 때문에 언
니는 새롭게 계약갱신요구권 행사를 주장할 수 있다. 하지만, 임대
차계약 명의자만 다를 뿐이고 사실상 동일한 임대차라고 인정이 되
면 새롭게 10년 보호가 어려울 수 있다. 새롭게 인정을 받기 위해
서는 언니에게 임차권을 양도한 사실과 권리금을 실제 거래한 사실
등을 통해 본인과 언니가 해당 점포 운영에 관해 독립된 주체임을
객관적으로 입증해야 할 것이다.

재계약서를 작성하면
임대기간 보호가
다시 10년인가

Q. 계약을 체결한 후 4년 동안 아무 말 없이 있다가 임대인이 임대료 인상을 요구하여 재계약서를 작성하였을 경우 다시 임대기간 10년이 보장될까?

임대인은 임차인이 임대차기간이 만료되기 6개월 전부터 1개월 전까지 사이에 계약갱신을 요구할 경우, 최초의 임대차기간을 포함하여 10년 이내에서 정당한 사유 없이 거절하지 못한다.

임차인이 10년간 행사할 수 있는 계약갱신요구권은 상가건물이 매매, 상속, 증여 등의 사유로 건물주가 바뀌더라도 최초 입점할 당시부터를 기준으로 한다. 임대료를 인상하면서 재계약을 했어도 계약갱신과 관련한 별도의 약정이 없다면, 임차인은 새롭게 10년의 계약갱신요구권을 행사할 수 없다.

임대차계약의 종료

만기일 없이 임대기간을
1년으로 했을 경우
만기일은

Q. 임대차계약을 작성하면서 만기일을 기재하지 않고 기간을 1년으로 약정하였을 경우 만기일은 언제일까?

임대차기간의 기산일에 대하여는 일반적으로 「민법」 제157조에 따라 해석한다. 임대차기간을 일, 주, 월 또는 연으로 정한 때에는 초일을 포함하지 아니하지만, 그 기간이 오전 0시부터 시작하는 경우에는 초일을 포함한다. 예를 들어 2022년 1월 19일에 임대차계약을 체결하면서 2월 19일 잔금일에 입주하고 기간은 1년으로 약정하였다면 잔금 지급 및 입주와 관계없이 임차기간은 초일인 2월 19일부터 시작된다. 당사자는 2월 19일에 잔금을 지급하기로 약정하였으므로, 임차인은 2월 19일 오전 0시부터 임차물을 사용·수익할 수 있다. 즉 당사자 사이의 약정으로 잔금 지급과 임차물 인도일을 정하였다면, 당일 오전 0시부터 입주할 수 있는 것이다. 따라서 임대차기간(1년)은 2022년 2월 19일부터 「민법」 제160조 제2항에 따라 그 기산일의 전일인 2023년 2월 18일까지다. 정확한 임대차기간은 2022년 2월 19일 오전 0시부터 2023년 2월 18일 오후 12시(자정)까지이다.

임대기간 보호를 위한 시작일은 언제부터인가

Q. 「상가건물 임대차보호법」상에서 보호되는 임대차기간 10년은 언제부터일까?

임차인의 계약갱신요구권은 최초의 임대차기간을 포함한 전체 임대차기간이 10년을 초과하지 않는 범위 내에서 행사할 수 있다. 임차인의 계약갱신요구권은 최초 임대차기간을 포함해서 10년간 행사할 수 있다.

최초의 임대차계약 의미

[부산지법 2005. 10. 24., 선고, 2005가단40293, 판결: 항소]

【판결요지】

「상가건물 임대차보호법」이 임차인에게 5년의 임차기간 범위 내에서 계약갱신요구권을 부여하고 있는 제도의 취지는 임대차 계약을 통하여 상가건물을 영업장으로 확보하고 영업을 시작하는 상인들의 경우 영업 초기의 투자비용이나 시설비용이 과대함에도 불구하고 임대차기간의 만료로 인하여 영업장을 옮겨야 하면 그 초기비용을 회수하지 못하는 손실을 입게 되므로, 상가건물임차인에게 영업개시일로부터 최소한의 임차기간을 보장함으로써 위와 같은 비용회수를 용이하게 하려는 데 있는 점에 비추어 보면, 「상가건물 임대차보호법」 시행일인 2002. 11. 1. 이전에 이미 체결 또는 갱신되었다가 시행일 이후 갱신된 상가건물 임대차의 경우 같은 법 제10조 제2항이 정하는 '최초의 임대차'라 함은, 상가건물임차인이 영업을 위하여 최초로 그 상가건물을 임차한 계약을 의미한다고 해석할 수 있을 뿐, 같은 법 시행일 이후 최초로 갱신된 임대차라고 해석할 수는 없다.

경매 낙찰자에게
계약갱신권 행사가
가능한지

Q. | 임대차계약 당시 근저당이 없었고, 이후 대출로 상가건물이 경매
    되었을 때 낙찰자에게 계약갱신요구권을 행사할 수 있을까?

임대차계약 후 사업자등록 당시 선순위 근저당이 없었고, 이후
근저당이 설정되었기 때문에 대항력을 보유하게 된다. 대항력이 있
는 임차인은 보증금은 전액 변제받을 때까지 영업을 계속할 수 있
다. 하지만 보증금을 전액 돌려받으면 낙찰받은 임대인은 임차인의
갱신요구를 거절할 수 있을 것이다. 상가건물의 경매로 임차한 건
물이 매각되면 임차권은 소멸한다는 법 규정이 있기 때문이다(「상
가건물 임대차보호법」 제8조 경매에 의한 임차권의 소멸).

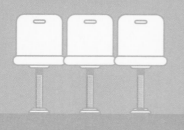

계약갱신 요구와 거부

재건축 예정을 고지한
임대차계약 후
임대인이 나가라고 하면

Q. 임대인은 재건축을 예정하고 있어 인근 시세보다 싸게 임대료를 책정하고, 임대차계약을 체결하며 계약만기에 재건축하면 비워 달라고 고지하고 합의하였다. 이후 계약만기에 상가를 비워 달라고 하자 임차인이 「상가건물 임대차보호법」을 주장하며 남은 기간 동안 계속 영업하겠다고 할 때 내보낼 수 있을까?

「상가건물 임대차보호법」상 임차인은 임대차계약이 만료되기 6개월 전부터 1개월 전까지 사이에 계약갱신을 요구할 수 있고, 임대인은 정당한 사유 없이 거절하지 못한다. 하지만, 임대인이 임대차 체결 당시 공사시기 및 소요기간 등을 포함한 철거 또는 재건축 계획을 임차인에게 구체적으로 고지하고, 그 계획에 따르는 경우 임대인은 임차인의 계약갱신요구를 거절할 수 있다.

실무에서는 「상가건물 임대차보호법」에서 임차인에게 불리한 조항은 무효가 되지만, 임대차계약에서 임대료를 주변 시세보다 저렴

계약갱신요구와 거부

하게 약정하여 임차인에게 특별히 불리하지 않다면, 그 합의가 유
효할 것이다.

임대인이 건물철거를 이유로
계약갱신 거절을 인정한 사례

[대구지법 2008. 7. 22., 선고, 2008나8841, 판결: 상고]

【판결요지】

상가건물임차인의 법적 지위를 보호하는 것도 중요하지만, 임대인의 동의가 없어도 임차인의 갱신요구만으로 임대차가 갱신되도록 하는 것은 사법의 대원칙인 계약자유의 원칙을 제한하는 것이므로 원칙적으로 법령에 명시적으로 규정된 경우에만 가능한 점, 「상가건물 임대차보호법」 제10조 제1항 제7호는 "철거하거나 재건축하기 위해"라고만 규정할 뿐 철거나 재건축의 구체적 사유를 규정하고 있지 아니한 점, 같은 법 제10조 제1항은 본문에서 "임대인은 임차인이 임대차기간만료 전 6월부터 1월까지 사이에 행하는 계약갱신요구에 대하여 정당한 사유 없이 이를 거절하지 못한다."고 규정하면서 단서에서 "다만, 다음 각호의 1의 경우에는 그러하지 아니하다."라고 규정하고 있으므로 단서에 규정되지 않은 사유라고 하더라도 정당한 사유가 있다고 판단되는 경우에는 본문의 규정에 따라 임대인이 임차인의 갱신요구를 거절할 수 있는 것으로 해석되는 점 등에 비추어 보면, 비록 건물이 낡거나 안전에 문제가 있는 경우가 아니더라도 임대인은 건물을 철거하거나 재건축하기 위하여 임대차계약의 갱신을 거절할 수 있다고 해석함이 상당하다.

임대차계약 후
10년이 지나면
계약갱신요구가 안 되나

Q. | 서울에서 조그만 분식점을 10년째 운영하는 A 씨는 계약기간만
료가 2개월 앞으로 다가오자 다시 계약을 갱신하려고 하는데, A
씨는 「상가건물 임대차보호법」에 따른 임차인의 계약갱신요구권
을 행사할 수 있을까?

안 된다. 임차인의 계약갱신요구권은 최초의 임대차기간을 포함해
10년 동안만 행사할 수 있다(「상가건물 임대차보호법」 제10조 제2항).

10년째 분식점을 운영하는 A 씨의 계약갱신요구권은 더 이상 「상
가건물 임대차보호법」에 따른 보호를 받지 못하므로, 임대인은 이
를 거절할 수 있다.

계약갱신요구와 거부

법 개정 전
임대차계약도
10년 보호를 받나

Q. 2018년 10월 16일 「상가건물 임대차보호법」이 개정되기 전에 임대기간을 5년으로 체결한 계약도 10년의 임대기간 보호를 받을 수 있을까?

「상가건물 임대차보호법」이 2018년 10월 16일 개정으로 임차인의 갱신요구권을 행사할 수 있는 기간이 5년에서 10년으로 늘어나게 되었다. 「상가건물 임대차보호법」이 개정되기 전에 체결한 계약도 법이 개정된 후에 갱신이 되면 그때부터는 개정된 법이 적용된다. 또한, 임대차의 계약기간을 5년 미만으로 계약하였다면 갱신을 통해 개정된 10년 갱신요구권을 적용할 수 있다.

2018. 10. 16. 개정된 「상가건물 임대차보호법」에서 정한 "이 법 시행 후 최초로 체결되거나 갱신되는 임대차"의 의미

[대법원 2020. 11. 5., 선고, 2020다241017, 판결]

【판결요지】

[1] 「상가건물 임대차보호법」(이하 '상가임대차법'이라고 한다)은 제10조 제1항과 제3항의 규정에서 갱신요구권에 관하여 임대인은 임차인이 임대차기간이 만료되기 6개월 전부터 1개월 전까지 사이에 계약갱신을 요구하면 제1항 단서에서 정하는 사유가 없는 한 갱신을 거절하지 못하고, 전 임대차와 같은 조건으로 다시 계약된 것으로 보도록 정하고 있다. 구 「상가건물 임대차보호법」(2018. 10. 16. 법률 제15791호로 개정되기 전의 것을 말하고, 위 법률로 개정되어 같은 날부터 시행된 「상가임대차법」을 '개정 상가임대차법'이라고 한다) 제10조 제2항은 갱신요구권은 최초 임대차기간을 포함하여 전체 임대차기간이 5년을 초과하지 않는 범위에서만 행사할 수 있다고 정하였는데, 개정 「상가임대차법」 제10조 제2항은 이에 대해 10년을 초과하지 않는 범위에서만 행사할 수 있다고 정하고, 그 부칙 제2조는 "제10조 제2항의 개정규정은 이 법 시행 후 최초로 체결되거나 갱

신되는 임대차부터 적용한다."라고 정하고 있다. 위 규정들의 문언, 내용과 체계에 비추어 보면, 개정 「상가임대차법」 부칙 제2조의 "이 법 시행 후 최초로 체결되거나 갱신되는 임대차"는 개정 「상가임대차법」이 시행되는 2018. 10. 16. 이후 처음으로 체결된 임대차 또는 2018. 10. 16. 이전에 체결되었지만 2018. 10. 16. 이후 그 이전에 인정되던 계약갱신 사유에 따라 갱신되는 임대차를 가리킨다고 보아야 한다. 따라서 개정 법률 시행 후에 개정 전 법률에 따른 의무임대차기간이 경과하여 임대차가 갱신되지 않고 기간만료 등으로 종료된 경우는 이에 포함되지 않는다.

[2] 상가건물의 임대인인 甲이 임차인인 乙과의 합의에 따라 총 7년으로 연장된 임대차기간이 만료되기 3개월 전 乙에게 임대차계약을 갱신할 의사가 없음을 통보하자 乙이 임대차계약의 갱신을 요구한 사안에서, 임대차계약 체결 당시 임차인의 갱신요구권이 인정되는 의무임대차기간은 구 「상가건물 임대차보호법」(2018. 10. 16. 법률 제15791호로 개정되기 전의 것) 제10조 제2항에 따라 5년인데, 乙이 임대차갱신을 요구한 때에는 이미 의무임대차기간 5년을 지났으므로 위 임대차계약은 甲의 적법한 갱신거절 통지로 인하여 2018. 10. 16. 법률 제15791호로 개정된 「상가건물 임대차보호법」(이하 '개정 상가임대차법'이라고 한다) 시행 이후에 기간만료로 종료되어 갱신되지 않았고, 따라서 위 임대차계약에는 개정 「상가임대차법」 제10조 제2항이 적용되지 않기 때문에 乙은 임대차계약에 적용되는 의무임대차기간이 10년이라는 이유로 임대차계약의 갱신을 요구할 수 없다고 한 사례

임차인의
계약갱신요구 하는
방식이 따로 있나

Q. 임차인이 임대차계약만기 전 임대인에게 계약을 갱신해 달라고
요구할 경우 계약갱신요구에 따른 법적인 방식이 별도로 있나?

임차인의 계약갱신요구 행사의 형식과 방법은 정해진 바는 없다. 하지만 임차인이 계약갱신요구를 했음을 입증해야 할 경우를 대비하여 계약갱신을 요구한 내용을 포함한 내용증명 우편을 발송하거나 관련 내용에 관해 임대인과의 전화통화를 녹취하면 좋을 것이다. 임대인을 만날 수가 없어 전화(문자)로 임대차기간만료 1개월 전에 「상가건물 임대차보호법」에 따라 계약갱신요구권이 행사되었다면 그 행사가 전화통화로 이루어진 것이어도 계약은 갱신되었다고 할 수 있다. 하지만, 계약갱신요구권은 임차인의 의사표시가 임대인에게 도달하여야 효력이 발생하는데, 임대인이 사실을 인정하지 않으면 소송으로 갈 수밖에 없다. 소송에서는 임차인이 계약갱신요구권을 행사하여 그 의사표시가 임대인에게 도달하였다는 점이 입증되어야 할 것이다.

계약갱신요구와 거부

실무에서는 가급적이면 내용증명서 등을 통한 서면으로 확인이 필요할 것이며, 부득이한 경우 통화를 녹음하거나, 문자메시지로 통보하고 답변을 받은 내용을 받거나 하여 계약이 갱신되었다는 사실을 인정받을 수 있을 것이다.

▐ 계약갱신요구(임대인의 계약갱신거부) 등「상가건물 임대차보호법」

① 임대인은 임차인이 임대차기간이 만료되기 6개월 전부터 1개월 전까지 사이에 계약갱신을 요구할 경우 정당한 사유 없이 거절하지 못한다. 다만, 다음 각 호의 어느 하나의 경우에는 그러하지 아니하다. 〈개정 2013. 8. 13.〉

  1. 임차인이 3기의 차임액에 해당하는 금액에 이르도록 차임을 연체한 사실이 있는 때

    • 2020. 9. 29.부터 6개월까지의 기간 동안 연체한 차임액은 차임 연체액으로 보지 않는다. 이 경우 연체한 차임액에 대한 임대인의 그 밖의 권리는 영향을 받지 않는다(「상가건물 임대차보호법」 제10조의9).

    • 위 규정은 전대인과 전차인의 전대차관계에 적용한다(「상가건물 임대차보호법」 제13조 제1항).

  2. 임차인이 거짓이나 그 밖의 부정한 방법으로 임차한 경우

  3. 서로 합의하여 임대인이 임차인에게 상당한 보상을 제공한 경우

  4. 임차인이 임대인의 동의 없이 목적 건물의 전부 또는 일부를

전대(轉貸)한 경우

5. 임차인이 임차한 건물의 전부 또는 일부를 고의나 중대한 과실로 파손한 경우

6. 임차한 건물의 전부 또는 일부가 멸실되어 임대차의 목적을 달성하지 못할 경우

7. 임대인이 다음 각 목의 어느 하나에 해당하는 사유로 목적 건물의 전부 또는 대부분을 철거하거나 재건축하기 위하여 목적 건물의 점유를 회복할 필요가 있는 경우
   - 임대차계약 체결 당시 공사시기 및 소요기간 등을 포함한 철거 또는 재건축 계획을 임차인에게 구체적으로 고지하고 그 계획에 따르는 경우
   - 건물이 노후ㆍ훼손 또는 일부 멸실되는 등 안전사고의 우려가 있는 경우
   - 다른 법령에 따라 철거 또는 재건축이 이루어지는 경우

8. 그 밖에 임차인이 임차인으로서의 의무를 현저히 위반하거나 임대차를 계속하기 어려운 중대한 사유가 있는 경우

② 임차인의 계약갱신요구권은 최초의 임대차기간을 포함한 전체 임대차기간이 10년을 초과하지 아니하는 범위에서만 행사할 수 있다. 〈개정 2018. 10. 16.〉

③ 갱신되는 임대차는 전 임대차와 동일한 조건으로 다시 계약된 것으로 본다. 다만, 차임과 보증금은 제11조에 따른 범위에서 증

감할 수 있다.

④ 임대인이 제1항의 기간 이내에 임차인에게 갱신 거절의 통지 또는 조건 변경의 통지를 하지 아니한 경우에는 그 기간이 만료된 때에 전 임대차와 동일한 조건으로 다시 임대차한 것으로 본다. 이 경우에 임대차의 존속기간은 1년으로 본다.

⑤ 제4항의 경우 임차인은 언제든지 임대인에게 계약해지의 통고를 할 수 있고, 임대인이 통고를 받은 날부터 3개월이 지나면 효력이 발생한다(전문개정 2009. 1. 30.).

임대인이 먼저 계약해지통보를 했을 경우에도 불구하고 임차인의 계약갱신요구가 인정된 사례

[대법원 2014. 4. 30., 선고, 2013다35115, 판결]

【판결요지】

[1] 임차인의 계약갱신요구권에 관한 구「상가건물 임대차보호법」(2009. 1. 30. 법률 제9361호로 개정되기 전의 것, 이하 '법'이라 한다) 제10조 제1항 내지 제3항과 임대인의 갱신 거절의 통지에 관한 법 제10조 제4항의 문언 및 체계와 아울러, 법 제10조 제1항에서 정하는 임차인의 계약갱신요구권은 임차인의 주도로 임대차계약의 갱신을 달성하려는 것인 반면 법 제10조 제4항은 기간의 만료로 인한 임대차관계의 종료에 임대인의 적극적인 조치를 요구하는 것으로서 이들 두 법 조항상의 각 임대차갱신제도는 취지와 내용을 서로 달리하는 것인 점 등을 종합하면, 법 제10조 제4항에 따른 임대인의 갱신 거절의 통지에 법 제10조 제1항 제1호 또는 제8호에서 정한 정당한 사유가 없는 한 그와 같은 임대인의 갱신 거절의 통지 선후와 관계없이 임차인은 법 제10조 제1항에 따른 계약갱신요구권을 행사할 수 있고,

이러한 임차인의 계약갱신요구권 행사로 인하여 종전 임대차는
법 제10조 제3항에 따라 갱신된다.

[2] 임차인이 계약갱신요구권을 행사한 이후 임차인과 임대
인이 종전 임대차기간이 만료할 무렵 신규임대차계약의 형식을
취한 경우에도 그것이 임차인의 계약갱신요구권 행사에 따른
갱신의 실질을 갖는다고 평가되는 한 이를 두고 종전 임대차에
관한 재계약으로 볼 것은 아니다.

「상가건물 임대차보호법」
적용이 안 되는
상가의 계약갱신요구 가능 여부

Q. 입점한 상가의 임대료가 비싸 환산보증금이 초과하는 임대차의
경우에도 임차인이 계약갱신요구권을 주장할 수 있을까?

「상가건물 임대차보호법」은 환산보증금의 다과에 따라 적용 범위
가 다르다. 환산보증금이 일정 금액을 초과하는 임대차의 임차인도
대항력, 계약갱신요구권 행사 기간, 권리금 회수기회 보호 등에 관
해서는 「상가건물 임대차보호법」 적용을 받을 수 있다. 환산보증금
이 초과하여도 임차인은 계약갱신요구권을 행사하여 임대기간 보
호를 받을 수 있다.

ㅣ「상가건물 임대차보호법」 적용대상의 보증금액을 초과하는 계약
갱신의 경우

「상가건물 임대차보호법」의 적용 범위에 해당하는 보증금액(「상
가건물 임대차보호법」 제2조 제1항 단서)을 초과하는 임대차의 계약갱

신 경우에는 당사자는 상가건물에 관한 조세, 공과금, 주변 상가건물의 차임 및 보증금, 그 밖의 부담이나 경제 사정의 변동 등을 고려하여 차임과 보증금의 증감을 청구할 수 있다(「상가건물 임대차보호법」 제10조의2).

보증금액을 초과하는 임대차에서 기간을 정하지 않은 경우, 임차인이 계약갱신요구권을 행사할 수 있는지 여부

[대법원 2021. 12. 30., 선고, 2021다233730, 판결]

【판결요지】

「상가건물 임대차보호법」에서 기간을 정하지 않은 임대차는 그 기간을 1년으로 간주하지만, 대통령령으로 정한 보증금액을 초과하는 임대차는 위 규정이 적용되지 않으므로, 원래의 상태 그대로 기간을 정하지 않은 것이 되어 「민법」의 적용을 받는다. 「민법」 제635조 제1항, 제2항 제1호에 따라 이러한 임대차는 임대인이 언제든지 해지를 통고할 수 있고 임차인이 통고를 받은 날로부터 6개월이 지남으로써 효력이 생기므로, 임대차기간이 정해져 있음을 전제로 기간만료 6개월 전부터 1개월 전까지 사이에 행사하도록 규정된 임차인의 계약갱신요구권은 발생할 여지가 없다.

계약갱신요구는
언제까지 해야 하나

Q. | 임차인의 계약갱신요구는 언제까지 해야 할까?

임대인은 임차인이 임대차기간이 만료되기 6개월 전부터 1개월 전까지 사이에 계약갱신을 요구할 경우 정당한 사유 없이 거절하지 못한다(「상가건물 임대차보호법」 제10조 제1항). 만약 임대인이 임차인의 권리금 회수를 방해한다면 임차인은 임대인을 상대로 손해배상을 청구할 수 있다.

임차인의 계약갱신요구 의사표시는 도달주의 원칙에 따라 임차인의 통지가 임대인에게 도달한 때부터 그 효력이 생긴다(「민법」 제111조 제1항). 따라서 임차인은 임대차계약 만료일 1개월 전까지 계약갱신 의사를 임대인에게 전달해야 한다.

예를 들면 계약만료일이 2023년 5월 30일이라면 1개월 전인 2023년 4월 30일 0시(2023년 4월 29일 24시) 전까지는 임대인에게 계약갱신 의사가 도달해야 할 것이다.

계약갱신요구를 했는데 임대인과 의견이 다르면 어떻게 하나

Q. | 임대차계약을 갱신할 때 임대인과 임차인 간에 의견 차이로 합의
가 되지 않으면 어떻게 해야 할까?

임대차계약의 임차인이 계약갱신을 요구하였는데 기간에 대한 이견으로 임대인과 합의가 되지 않으면 기존 계약의 기간에 따르게 된다. 「상가건물 임대차보호법」에 따라 갱신되는 임대차는 전 임대차와 동일한 조건으로 다시 계약된 것으로 보기 때문이다(같은 법 제10조 제3항). 이에 따라 임대인과의 의견 차이로 갱신 계약의 기간에 대한 합의가 되지 않으면, 임차인은 기존 계약기간으로 연장되었다고 주장할 수 있다.

계약갱신요구와 거부

계약할 때 계약만기 시 계약갱신을 하지 않겠다는 특약을 했다면

Q. 상가 임대차계약을 체결하면서 임대인의 요구로 계약서 특약에 계약만기 시 임차인은 계약갱신요구권을 행사하지 않기로 계약서를 작성하였다면 유효할까?

임차인은 「상가건물 임대차보호법」에 따라 전체 임대차기간 10년 이내에서 계약갱신요구권을 행사할 수 있으며, 이때 임대인은 정당한 사유 없이 임차인의 요구를 거절할 수 없다(같은 법 제10조).

임차인을 보호하기 위한 「상가건물 임대차보호법」은 강행규정으로 법의 규정에 위반되어 체결된 계약에서 임차인에게 불리한 것은 효력이 없다. 따라서, 계약갱신요구권을 행사하지 않기로 하는 사전 약정은 임차인에게 인정되는 권리를 배제하는 불리한 약정이므로 특별한 사정이 없으면 효력이 없다고 볼 수 있다.

교회도
계약갱신요구가
가능할까

Q. | 교회로 사용하고 있는 상가를 계약갱신요구 하면 임대인은 거부
할 수 있을까?

「상가건물 임대차보호법」의 적용을 받기 위해서는 사업자등록을
신청하고 임차인이 해당 상가를 영리를 목적으로 하는 영업용으로
사용해야 한다. 교회는 비영리단체이므로 사업자등록을 갖추지 않
고 고유번호를 발급받기 때문에, 「상가건물 임대차보호법」의 임차
인 계약갱신요구권 등의 적용을 받을 수 없다.

3개월 연체한 사실이 있으면 임대인은 계약거부가 가능할까

Q. | 상가임차인이 오래전 임대차계약 중에 3개월에 달하는 월세를 연체한 사실이 있는데 연체한 이력을 이유로 임대인은 계약갱신을 거절할 수 있을까?

임대인은 임차인이 3기의 차임액에 달하는 금액에 이르도록 차임을 연체한 사실이 있을 경우에 임차인의 계약갱신요구를 거부할 수 있다고 규정하고 있다(「상가임대차법」 제10조 제1항 제1호).

임대차계약 관계는 임대인과 임차인 사이에 신뢰를 기초로 하므로, 오래전에 차임을 3기분에 달하도록 연체한 사실이 있는 경우에까지 임차인의 일방적 의사에 의하여 계약 관계가 연장되는 것을 허용하지 아니한다는 것이다(대법원 2020다255429 판결). 따라서 3기 차임 연체 사실이 있지만, 연체 차임을 모두 납부하였고 그 이후 한 차례 이상 계약갱신이 이루어졌고 현재는 연체 차임이 없다 하더라도 임대인은 계약갱신을 거절할 수 있다.

점포 임대인이 임대차기간에 차임 연체액이 3기분에 달한 적이 있었다는 이유로 임차인의 계약갱신요구를 거절하고 인도를 구하는 사건

[대법원 2021. 5. 13., 선고, 2020다255429, 판결]

【판결요지】

「상가건물 임대차보호법」(이하 '상가임대차법'이라고 한다) 제10조의8은 임대인이 차임 연체를 이유로 계약을 해지할 수 있는 요건을 "차임 연체액이 3기의 차임액에 달하는 때"라고 규정하였다. 반면 임대인이 임대차기간만료를 앞두고 임차인의 계약갱신요구를 거부할 수 있는 사유에 관해서는 "3기의 차임액에 해당하는 금액에 이르도록 차임을 연체한 사실이 있는 경우"라고 문언을 달리하여 규정하고 있다(「상가임대차법」 제10조 제1항 제1호). 그 취지는, 임대차계약 관계는 당사자 사이의 신뢰를 기초로 하므로, 종전 임대차기간에 차임을 3기분에 달하도록 연체한 사실이 있는 경우에까지 임차인의 일방적 의사에 의하여 계약 관계가 연장되는 것을 허용하지 아니한다는 것이다. 위 규정들의 문언과 취지에 비추어 보면, 임대차기간에 어느 때라도 차임이 3기분에 달하도록 연체된 사실이 있다면 임차인과의 계약 관계 연장을 받아들여야 할 만큼의 신뢰가 깨어졌으므로 임대인은 계약갱신요구를 거절할 수 있고, 반드시 임차인이 계약갱신요구권을 행사할 당시에 3기분에 이르는 차임이 연체되어 있어야 하는 것은 아니다.

상가가 공동소유일 경우 계약해지요구

Q. 공동소유 하여 임대인이 여러 명인 상가를 임차하였으나, 임차인의 사정으로 더는 영업이 어려워 임대차계약을 해지하고 싶어서 계약갱신을 거절할 때 갱신을 거절하는 의사표시는 어떻게 해야 할까?

「민법」 제547조 제1항은 "당사자의 일방 또는 쌍방이 수인인 경우에는 계약의 해지나 해제는 그 전원으로부터 또는 전원에 대하여 하여야 한다."라고 규정하고 있다.

여러 사람이 공동임대인으로서 임차인과 하나의 임대차계약을 체결한 경우에는 「민법」 제547조 제1항의 적용을 배제하는 특약이 있다는 등의 특별한 사정이 없으면 공동임대인 전원의 해지 의사표시에 따라 임대차계약 전부를 해지하여야 한다(대법원 2012다5537 판결 참조). 임차인에 대한 갱신 거절의 통지는 실질적으로 임대차계약의 해지와 같다(대법원 2010다37905 판결).

계약갱신요구와 거부

공동임대인이 임차인의 계약갱신요구를 거절할 때는
공유자 지분의 과반으로 정해야 한다는 사례

[대법원 2010. 9. 9., 선고, 2010다37905, 판결]

【판결요지】

　공유자가 공유물을 타인에게 임대하는 행위 및 그 임대차계약을 해지하는 행위는 공유물의 관리행위에 해당하므로「민법」제265조 본문에 의하여 공유자의 지분의 과반수로써 결정하여야 한다. 「상가건물 임대차보호법」이 적용되는 상가건물의 공유자인 임대인이 같은 법 제10조 제4항에 의하여 임차인에게 갱신거절의 통지를 하는 행위는 실질적으로 임대차계약의 해지와 같이 공유물의 임대차를 종료시키는 것이므로 공유물의 관리행위에 해당하여 공유자의 지분의 과반수로써 결정하여야 한다.

공동임대인의 임대보증금반환의무

[대법원 2021. 1. 28., 선고, 2015다59801, 판결]

【판결요지】

「상가건물 임대차보호법」 제3조는 "대항력 등"이라는 표제로 제1항에서 대항력의 요건을 정하고, 제2항에서 "임차건물의 양수인(그 밖에 임대할 권리를 승계한 자를 포함한다)은 임대인의 지위를 승계한 것으로 본다."라고 정하고 있다. 이 조항은 임차인이 취득하는 대항력의 내용을 정한 것으로, 상가건물의 임차인이 제3자에 대한 대항력을 취득한 다음 임차건물의 양도 등으로 소유자가 변동된 경우에는 양수인 등 새로운 소유자(이하 '양수인'이라 한다)가 임대인의 지위를 당연히 승계한다는 의미이다.

소유권 변동의 원인이 매매 등 법률행위든 상속·경매 등 법률의 규정이든 상관없이 이 규정이 적용되므로, 상속에 따라 임차건물의 소유권을 취득한 자도 위 조항에서 말하는 임차건물의 양수인에 해당한다. 임대인 지위를 공동으로 승계한 공동임대인들의 임차보증금반환채무는 성질상 불가분채무에 해당한다.

┃ 계약갱신의 범위

임차인의 계약갱신요구는 최초의 임대차기간을 포함한 전체 임대차기간이 10년을 초과하지 않는 범위 내에서만 행사할 수 있다(「상가건물 임대차보호법」 제10조 제2항). 따라서, 임차인이 계약갱신을 요구하여 임대차계약이 갱신되면, 임차인은 최소한 10년간 상가임대차의 존속기간을 보장받을 수 있다.

'최초의 임대차기간'이란 임차인이 영업을 위해 최초로 그 상가건물을 임차한 계약을 의미하며, 「상가건물 임대차보호법」 시행 전에 체결된 상가건물 임대차계약이 시행일 이후 갱신된 경우라도 최초로 체결된 임대차계약의 기간을 의미한다(대법원 2005다74320 판결).

「상가건물 임대차보호법」 제10조 제2항의 개정규정은 2018년 10월 16일 이후 최초로 체결되거나 갱신되는 임대차부터 적용한다[「상가건물 임대차보호법」 부칙(법률 제15791호, 2018. 10. 16.) 제2조].

┃ 갱신된 임대차의 조건

갱신되는 임대차는 전 임대차와 동일한 조건으로 다시 계약된 것이다(「상가건물 임대차보호법」 제10조 제3항 본문). 다만, 차임 또는 보증금은 증감할 수 있으며, 증액의 경우에는 청구 당시 차임 또는 보증금의 5%의 금액을 초과할 수 없다(「상가건물 임대차보호법」 제10조 제3항 단서 및 제11조 제1항, 「상가건물 임대차보호법 시행령」 제4조).

법 개정 전
임대차계약 후
묵시의 갱신 상태일 경우 보호

Q. 2018년 「상가건물 임대차보호법」 개정 후 묵시적 갱신 상태로 있으면, 임차인의 계약갱신요구권 10년 보호를 받을 수 있을까?

임차인의 계약갱신요구권은 최초의 임대차기간을 포함한 전체 임대차기간이 5년 이내에서 행사할 수 있었으나, 「상가건물 임대차보호법」 개정에 따라 2018년 10월 16일부터 임차인의 계약갱신요구권 행사 기간은 10년으로 연장되었다. 그리고 5년에서 10년으로 연장된 계약갱신요구권에 관한 개정규정은 2018년 10월 16일 이후 최초로 체결되는 임대차계약뿐만 아니라 개정일 이후 갱신되는 임대차에도 적용된다.

특별한 사정이 없으면 최초의 임대차기간을 포함한 전체 임대차기간이 10년을 초과하지 않는 범위 내에서 계약갱신요구권을 행사할 수 있다.

계약갱신요구와 거부

10년이 지난 경우에도
묵시적 갱신이 적용될까

Q. 「상가건물 임대차보호법」이 적용되는 임대차에서 임대기간 보호
기간 10년이 지난 경우에도 묵시적 갱신이 적용될까?

묵시적 갱신은 갱신거절의 통지 또는 조건 변경의 통지를 하지 않으면 임대차기간이 만료된 때에 임대차의 갱신을 간주하는 것이며, 임차인의 계약갱신요구권은 임차인이 임대차기간이 만료되기 6개월 전부터 1개월 전까지 사이에 계약의 갱신을 요구하면 그 단서에서 정하는 사유가 없는 한 임대인이 그 갱신을 거절할 수 없는 것을 내용으로 하는 것이다.

최초의 임대차기간을 포함한 전체 임대차기간이 10년을 초과했어도, 상가임대차의 묵시적 갱신은 1년 단위로 연장된다.

Ⅰ「상가건물 임대차보호법」상 묵시의 갱신

「상가건물 임대차보호법」은 임대차기간이 끝나기 전에 계약을 갱신하지 않겠다는 의사표시를 하지 않는 경우 임대차계약이 갱신되도록 하는 규정을 두고 있다. 즉, 임대인이 임대차기간이 만료되기 6개월 전부터 1개월 전까지 임차인에게 갱신하지 않겠다는 통지를 하지 않거나 계약조건을 변경하지 않으면 기존의 임대차와 동일한 조건으로 다시 임대차한 것으로 간주된다(「상가건물 임대차보호법」 제10조 제4항).

묵시의 갱신은 2002. 11. 1. 이후 상가건물 임대차계약을 체결한 임차인 및 갱신된 임대차부터 적용된다(「상가건물 임대차보호법」 부칙 〈제6542호, 2001. 12. 29.〉 제2항).

Ⅰ 묵시의 갱신 요건

임대차기간이 끝났을 것, 묵시의 갱신은 임대차기간을 정했거나(1년 또는 1년 미만으로 정한 경우), 기간을 정하지 않았거나를 불문하고 1년이 지나면 묵시적으로 갱신된다.

임대차기간을 1년 미만으로 정한 임대차의 경우, 임차인은 선택적으로 1년 미만의 약정기간을 주장할 수도, 또는 1년의 임대차기간을 주장할 수도 있다(「상가건물 임대차보호법」 제9조 제1항).

계약갱신요구와 거부

갱신 거절 또는 계약조건 변경의 통지를 하지 않았을 것, 임대인이 임대차기간이 끝나기 6개월 전부터 1개월 전이 될 때까지 임차인에게 갱신을 거절한다는 통지나 계약조건을 변경하지 않으면 갱신하지 않는다는 뜻의 통지를 하지 않는 경우에 묵시적으로 갱신된다.

임대인이나 임차인 중 어느 한쪽이라도 갱신을 거절하거나 계약조건을 변경한다는 통지를 한 경우에는 그 임대차계약은 묵시적으로 갱신되지 않는다. 계약조건 변경의 통지는, 임대차기간이 끝나면 임대차계약 내용을 변경하겠으며, 만일 상대방이 응하지 않으면 더는 임대차관계를 존속시키지 않겠다는 통지를 말하고, 이러한 통지에는 변경하려는 계약조건을 구체적으로 밝혀야 한다.

▎ 묵시의 갱신 효과

상가건물 임대차계약이 묵시적으로 갱신되면, 종전의 임대차와 동일한 조건으로 다시 임대차한 것으로 간주된다(「상가건물 임대차보호법」 제10조 제4항 전단).

묵시적으로 갱신되면, 보증금과 차임도 종전의 임대차와 동일한 조건으로 임대차한 것으로 된다.

상가건물 임대차계약이 묵시적으로 갱신되면 임대차의 존속기간은 1년으로 본다(「상가건물 임대차보호법」 제10조 제4항 후단).

상가건물 임대차계약이 묵시적으로 갱신된 경우, 임차인은 언제든지 갱신된 임대차계약을 해지할 수 있고, 1년의 임대차기간을 주장할 수도 있다(「상가건물 임대차보호법」 제9조 제1항 및 제10조 제5항). 임차인이 임대차계약을 해지하는 경우에는 임대인이 통지를 받은 날부터 3개월이 지나면 그 효력이 발생한다(「상가건물 임대차보호법」 제10조 제5항).

┃「민법」에 따른 묵시의 갱신

「상가건물 임대차보호법」이 적용되지 않는 일정액 이상 보증금의 상가건물 임대차의 경우에는 「민법」의 묵시의 갱신 규정이 적용된다(「상가건물 임대차보호법」 제2조 제1항 및 「상가건물 임대차보호법 시행령」 제2조 제1항).

임대차기간이 끝난 후에도 임차인은 상가건물을 계속 사용·수익하고 있어야 한다(「민법」 제639조 제1항). 임대인이 상당한 기간 동안 임차인이 상가건물을 계속 사용·수익하는 것에 이의를 제기하지 않아야 한다(「민법」 제639조 제1항).

묵시의 갱신이 되면, 전의 임대차와 동일한 조건으로 다시 임대차한 것으로 본다(「민법」 제639조 제1항). 전의 임대차에 대해 제3자가 제공한 담보는 기간의 만료로 소멸한다(「민법」 제639조 제2항). 「민법」 제639조 제1항의 묵시의 갱신은 임차인의 신뢰를 보호하기 위한 것이고, 「민법」 제639조 제2항의 제3자가 제공한 담보는 소멸

계약갱신요구와 거부

한다고 규정한 것은 담보를 제공한 자의 예상하지 못한 불이익을 방지하기 위한 것이라 할 것이므로, 「민법」제639조 제2항은 당사자들의 합의에 따른 임대차기간 연장에는 적용되지 않는다(대법원 2005. 4. 14. 선고 2004다63293 판결).

묵시적으로 갱신된 임대차계약의 경우 해지는 기간의 약정이 없는 임대차와 같다(「민법」제639조 제1항).

➡ 묵시적으로 갱신된 임대차계약은 당사자가 언제든지 계약의 해지를 통고할 수 있다(「민법」제635조 제1항).

➡ 임대인이 임대차계약의 해지를 통고한 경우에는 임차인이 통고를 받은 날로부터 6개월이 지나면 해지의 효력이 생긴다(「민법」제635조 제2항).

➡ 임차인이 임대차계약의 해지를 통고한 경우에는 임대인이 통고를 받은 날로부터 1개월이 지나면 해지의 효력이 생긴다(「민법」제635조 제2항).

┃ 전세권의 경우 묵시의 갱신

전세권설정자가 전세권의 존속기간만료 전 6개월부터 1개월까지 사이에 전세권자에게 갱신 거절의 통지 또는 조건을 변경하지 않으면 갱신하지 않는다는 뜻의 통지를 하지 않으면, 그 기간이 만료된 때에 종전의 전세권과 동일한 조건으로 다시 전세권을 설정한 것으로 본다. 이 경우 전세권의 존속기간은 그 정함이 없는 것으로 본다

(「민법」제312조 제4항).

묵시적 갱신이 된 전세권은 존속기간의 정함이 없는 전세권이므로, 언제든지 상대방에게 전세권의 소멸을 통고할 수 있고, 상대방이 이 통고를 받은 날부터 6개월이 지나면 전세권은 소멸하게 본다 (「민법」제313조).

건물에 대한 전세권의 묵시적 갱신은 법률의 규정에 따른 전세권 존속기간의 변경이므로, 그 등기가 없어도 효력이 발생한다. 그러나 전세권을 처분하려는 때에는 등기를 해야 한다(「민법」제187조, 대법원 88다카21029 판결).

계약갱신요구와 거부

묵시적 갱신일 때
계약해지요구는 어떻게

Q. | 묵시적 갱신 상태에서 임차인이 계약해지를 요구하면 어떻게
되나?

상가건물 임대차가 묵시적으로 갱신된 상태에서 임차인은 언제
든지 계약을 해지할 수 있다. 임차인이 해지 통고를 한 경우 임대인
이 그 통고를 받은 날부터 3개월이 지나면 임대차가 종료된다(「상
가건물 임대차보호법」 제10조 제5항).

임대인이 해지 통고를 받은 날부터 3개월이 지나면 임차인은 보
증금의 반환을 청구할 수 있고, 임대인은 보증금을 반환할 의무가
있다. 그리고 임차인은 임대인이 해지 통고를 받은 날부터 3개월이
지나기 전까지는 월세를 지급해야 한다. 효력이 발생하기까지는 임
대차가 존속하기 때문이다.

임대인이 해지 통고를 받은 날부터 3개월이 지나고 임대차가 종

료되었는데, 임대인이 보증금을 돌려주지 않고 임차인이 영업하지 않고 있다면, 임차인은 월세를 지급하지 않아도 된다.

묵시적 갱신
반복주장 가능 여부

Q. | 이전에 묵시적으로 갱신되어 사업을 운영 중인데 다시 묵시적 갱
| 신을 반복하여 주장이 가능할까?

묵시적 갱신은 횟수 제한 없이 반복하여 2회 이상 된 경우에도
인정된다.

묵시적 갱신을 이유로 임대인이
새로운 임차인을 들이고
나가라고 할 때

Q. 최초 2년 계약을 하고 이후 아무 말 없이 묵시적 갱신 된 상태에서 임차인은 묵시적 갱신 상태의 계약해지요구를 했는데 임대인은 자동으로 2년으로 계약이 갱신되었다고 나가려면 새로운 임차인을 들여놓고 나가라고 할 때?

「상가건물 임대차보호법」에서 묵시적 갱신 상태에서는 임차인은 언제든 계약해지요구를 할 수 있고 "그 효력은 3개월 후 나타난다."고 한다. 하여 임차인은 계약해지요구를 이유로 새로운 임차인을 들이지 않아도 된다.

계약갱신요구와 거부

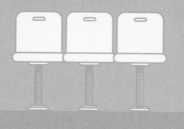

임대료
지급과
증감청구

신탁등기 된 상가의 임대료는 누구에게

Q. 임대차계약 상가가 신탁등기가 되었을 경우 임대료는 누구에게 지급해야 할까?

상가건물(부동산)이 신탁되었다면, 그것은 상가건물의 소유권자가 해당 신탁회사로 변경된 것으로 상가건물의 양수자인 신탁회사가 임대인의 지위를 승계하게 된다. 이때 신탁된 상가건물의 임차인은 기존 임대인이 임대할 권한이 있는지 확인이 필요하다.

임대차계약이 유지 중인 상태에서 신탁등기 된 부동산의 임대료 관련 사항은 위탁자(임대인)와 수탁자(신탁회사) 사이 신탁 계약에서 합의되는 사항으로 이는 신탁원부를 통해 그 내용을 확인할 수 있다. 신탁원부는 온라인으로는 발급되지 않고 등기소를 방문해서 발급받아야 한다. 신탁원부의 내용을 확인하여 기존 임차인의 차임은 위탁자(임대인)가 임대료를 수익한다는 규정이 있으면 임대인에게 그대로 지급하면 되고, 그렇지 않고 수탁자(신탁사)가 수익한다는 규정이 있으면 신탁회사에 지급하면 된다.

임대료 지급과 증감청구

월차임 연체가
보증금을 초과하면
계약이 해지되나

Q. | 임차인은 지속적으로 월세를 연체하였고 연체된 금액이 보증금을
초과했을 때 임차인이 영업을 중단하면 계약을 해지할 수 있을까?

임대차계약을 체결하면서 임대인과 임차인이 합의하여, 임대차계
약기간 중에 임차인이 임대차계약을 해지할 수 있는 권리를 유보하
고 있는 등의 사유가 없다면 연체된 월차임이 보증금을 초과하였다
는 이유로 계약해지를 할 수는 없을 것이다. 임차인은 임대인의 동
의 없이 일방적으로 임대차계약을 해지할 수 없다. 특별한 이유가
없다면 임차인은 임대차기간만료일까지 월차임을 부담해야 한다.

실무에서는 임대인은 계속하여 임대차를 유지할 경우 임대료 연
체가 증가하고 받을 수 있다는 확신이 없을 때 임차인과 협의하여
계약을 해지하게 될 것이다.

┃ 차임지급의무

임차인은 임차상가건물의 사용·수익의 대가로 임대인에게 차임을 지급해야 한다(「민법」 제618조). 당사자 사이에 차임의 지급 시기에 관한 약정이 없는 경우에는, 매월 말에 지급하면 된다(「민법」 제633조).

임대료 지급과 증감청구

임차인이 부담하기로 한 부가가치세액이 「상가건물 임대차보호법」이 정한 '차임'에 포함되는지 여부(소극)

[수원지법 2009. 4. 29., 선고, 2008나27056, 판결: 확정]

【판결요지】

임차인이 부담하기로 한 부가가치세액이 「상가건물 임대차보호법」 제2조 제2항에 정한 '차임'에 포함되는지 여부에 관하여 보건대, 「부가가치세법」 제2조, 제13조, 제15조에 의하면 임차인에게 상가건물을 임대함으로써 임대용역을 공급하고 차임을 지급받는 임대사업자는 과세관청을 대신하여 임차인으로부터 부가가치세를 징수하여 이를 국가에 납부할 의무가 있는바, 임대차계약의 당사자들이 차임을 정하면서 '부가세 별도'라는 약정을 하였다면 특별한 사정이 없으면 임대용역에 관한 부가가치세의 납부의무자가 임차인이라는 점, 약정한 차임에 위 부가가치세액이 포함된 것은 아니라는 점, 나아가 임대인이 임차인으로부터 위 부가가치세액을 별도로 거래징수 할 것이라는 점 등을 확인하는 의미로 해석함이 상당하고, 임대인과 임차인이 이러한 약정을 하였다고 하여 정해진 차임 외에 위 부가가치세액을 「상가건물 임대차보호법」 제2조 제2항에 정한 '차임'에 포함할 이유는 없다.

임대차계약 종료 후 계속 점유로 인한
차임 상당 부당이득에 대한 부가가치세 상당액도
임차인이 부담하는지 여부

[대법원 2021. 5. 13., 선고, 2020다255429, 판결]

【판결요지】

임차인이 계약 종료 후에도 건물을 계속 사용하고 있고 임대인도 보증금을 반환하지 않은 채 거기에서 향후 임대료 상당액을 공제하는 관계라면 부가가치세의 과세대상인 용역의 공급에 해당하므로, 차임에 대한 부가가치세 상당액을 임차인이 부담하기로 하는 약정이 있었다면, 특별한 사정이 없으면 임대차계약 종료 후의 계속 점유를 원인으로 지급되는 차임 상당 부당이득에 대한 부가가치세 상당액도 임차인이 부담하여야 한다.

임대료 감액 후
다시 올릴 때
5% 제한 여부

Q. 코로나로 경기가 좋지 않아 임대료를 감액하여 주었는데 코로나
가 끝나고 다시 올릴 때 「상가건물 임대차보호법」상의 임대료 인
상 한도 5%가 적용될까?

상가건물의 임대료가 경제 사정의 변동 등으로 인하여 상당하지
아니한 때에는 당사자는 임대의 증감을 청구할 수 있고, 증액의 경
우에는 5%를 초과할 수 없다. 하지만 코로나로 인해서 감액하였을
때는 5% 인상 한도 적용을 받지 않는다. 코로나 발생 이전의 임대
료까지는 5% 한도의 제한 없이 인상을 요구할 수 있다.

┃ 증액청구 기간 및 금액의 제한

차임이나 보증금의 증액청구가 인정되는 경우에도 청구 기간과
금액에 일정한 제한이 있다(「상가건물 임대차보호법」 제11조 제1항 후
단 및 제2항).

임대차계약 또는 약정한 차임 등의 증액이 있고 난 뒤 1년 이내에는 증액청구를 할 수 없다(「상가건물 임대차보호법」 제11조 제2항). 증액청구 당시 차임이나 임차보증금의 5%를 초과하여 증액청구를 할 수 없다(「상가건물 임대차보호법 시행령」 제4조).

제1급 감염병에 의한 경제 사정의 변동으로 차임 등이 감액된 후 임대인이 위에 따른 증액을 청구하는 경우에는 증액된 차임 등이 감액 전 차임 등의 금액에 달할 때까지는 「상가건물 임대차보호법」 제11조 제1항 단서(차임 또는 보증금의 100분의 5의 금액을 초과하지 못함)를 적용하지 않는다(「상가건물 임대차보호법」 제11조 제3항 및 「상가건물 임대차보호법 시행령」 제4조).

위 규정은 2020. 9. 29. 존속 중인 임대차에 대하여도 적용된다 [「상가건물 임대차보호법」 부칙(법률 제17490호) 제2조].

임대료 지급과 증감청구

당사자가 합의한
월차임증액도
5% 제한이 있는지

Q. 임대차계약을 체결하면서 임대인과 임차인 당사자 간에 합의하여
월차임을 증액하는 경우에도 5% 증액 제한이 있는지?

당사자 일방이 약정한 차임 등의 증감을 청구한 경우에 한하여
적용되고, 임대차계약이 종료한 후 재계약을 하거나 임대차계약 종
료 전이라도 당사자의 합의로 차임 등을 증액하는 경우에는 적용되
지 않는다고 판시(대법원 2013다80481 판결).

임대인과 임차인이 합의로 월차임증액이 가능한지

[대법원 2014. 2. 13., 선고, 2013다80481, 판결]

【판결요지】

「상가건물 임대차보호법」 제11조 제1항에서 "차임 또는 보증금이 임차건물에 관한 조세, 공과금, 그 밖의 부담 증감이나 경제 사정의 변동으로 인하여 상당하지 아니하게 된 경우에는 당사자는 장래의 차임 또는 보증금에 대하여 증감을 청구할 수 있다. 그러나 증액의 경우에는 대통령령으로 정하는 기준에 따른 비율을 초과하지 못한다."고 규정하고, 제2항에서 "제1항에 따른 증액청구는 임대차계약 또는 약정한 차임 등의 증액이 있고 난 뒤 1년 이내에는 하지 못한다."고 규정하고 있는바, 위 규정은 임대차계약의 존속 중 당사자 일방이 약정한 차임 등의 증감을 청구한 경우에 한하여 적용되고, 임대차계약이 종료한 후 재계약을 하거나 임대차계약 종료 전이라도 당사자의 합의로 차임 등을 증액하는 경우에는 적용되지 않는다.

구두로 약속한 임대료를
임대인은 증액할 수 있을까

Q. 임대인과 임차인은 구두로 임대료에 관하여 합의하였는데 임대인이 구두로 합의한 것을 인정하지 않고 임대료 증액을 요구할 할 수 있을까?

임대차계약 내용에 관해 임대인과의 구두 합의는 원칙적으로 유효하다. 그러므로 임차인은 구두로 합의한 임대차 내용대로 이행할 것을 주장할 수 있다. 하지만, 임대인과 임차인의 주장이 다르다면 임차인은 구두로 합의했다는 것을 입증해야 할 수도 있다.

실무에서는 임차인은 최초 계약부터 10년 동안 계약갱신요구권을 행사할 수 있다. 임차인은 그 기간 임대인의 일방적인 임대료 인상 요구를 거부할 수 있고, 오히려 임대료 감액을 요구할 수도 있다. 「상가건물 임대차보호법」은 임대인은 임대료가 합의되지 않음을 이유로 임차인을 내보낼 수 없게 되므로, 임대인과 임차인은 원만하게 협의가 필요할 것이다.

┃ 차임증액청구권

임대인은 임대차계약 중에 차임이나 보증금이 임차상가건물에 대한 조세, 공과금, 그 밖의 부담 증가나「감염병의 예방 및 관리에 관한 법률」에 따른 제1급 감염병 등에 의한 경제 사정의 변동으로 적정하지 않다고 판단되면 장래에 대해 그 증액을 청구할 수 있다 (「상가건물 임대차보호법」 제11조 제1항).

임대인의 차임증액청구는 당사자 사이에 차임의 증액을 요구하지 않겠다는 특약을 한 경우에는 증액을 청구할 수 없다. 그러나 차임의 증액을 요구하지 않겠다는 특약을 했더라도 약정 후 그 특약을 그대로 유지시키는 것이 신의칙에 반한다고 인정될 정도의 사정변경이 있는 경우에는 차임의 증액청구를 할 수 있다(대법원 96다34061 판결).

「감염병의 예방 및 관리에 관한 법률」 제2조 제2호에 따른 제1급 감염병에 의한 경제 사정의 변동으로 차임 등이 감액된 후 임대인이「상가건물 임대차보호법」 제11조 제1항에 따른 증액을 청구하는 경우에는 증액된 차임 등이 감액 전 차임 등의 금액에 달할 때까지는 같은 항 단서를 적용하지 않는다(「상가건물 임대차보호법」 제11조 제3항).

차임이나 보증금의 증액청구가 인정되는 경우에도 청구 기간과

임대료 지급과 증감청구

금액에 일정한 제한이 있다(「상가건물 임대차보호법」 제11조 제1항 후단 및 제2항).

임대차계약 또는 약정한 차임 등의 증액이 있고 난 뒤 1년 이내에는 증액청구를 할 수 없다(「상가건물 임대차보호법」 제11조 제2항).

증액청구 당시 차임이나 임차보증금의 5%를 초과하여 증액청구를 할 수 없다(「상가건물 임대차보호법」 제11조 제1항 후단 및 「상가건물 임대차보호법 시행령」 제4조).

임대차계약이 갱신되는 경우에도 임대차가 계속되고 있는 것으로 보아야 하므로 증액청구를 할 수 있다(「상가건물 임대차보호법」 제10조 제3항 단서).

보증금과 월세를
한꺼번에 올릴 수 있을까

Q. | 임대인이 보증금과 월세를 5%씩 올린다고 하는데 올려 주어야
    할까?

임대인 또는 임차인은 조세·공과금 등의 증감, 제1급 감염병 등
에 의한 경제 사정의 변동으로 인하여 차임 또는 보증금이 상당하
지 않게 되었음을 이유로 상대방에게 차임 또는 보증금의 증감을
청구할 수 있다.

「상가건물 임대차보호법」에서는 증감청구를 할 수 있는 대상을
"차임 또는 보증금"이라고 규정하고 있으며, 차임과 보증금 모두에
대하여 증감을 청구할 수 있는 것이다. 임대인이 임대료 인상을 요
구할 때 임차인은 무조건 동의해야 할 의무가 있는 것은 아니며, 임
대인과 임차인이 협의해서 결정해야 한다.

임대료 지급과 증감청구

보증금 인상 대신
월세를 올릴 수 있나

Q. 상가 임대차계약에서 보증금을 올리지 않는 대신 월세를 올릴 수 있을까?

임대인은 「상가건물 임대차보호법」의 증액 상한 요율 5%까지 임대료 인상을 요구할 수 있다. 이때 보증금을 인상하지 않고 보증금을 월세로 전환할 경우 12%를 초과할 수 없게 된다. 예를 들어 임대보증금이 2천만 원이고 월세 100만 원일 경우에 올릴 수 있는 금액은 보증금 2,100만 원, 월세 105만 원까지 인상할 수 있다. 이때 보증금을 월세로 전환할 경우 12%를 초과할 수 없으므로, 보증금의 증액분인 100만 원을 월세 1만 원으로 전환할 수 있다(100만 원 × 12% ÷ 12개월 = 1만 원).

보증금 대신 월세만 올릴 경우에는 기존 월세 100만 원에 대한 5%, 즉 5만 원과 보증금 인상액의 월세전환액 1만 원을 합해서 월세 6만 원 이내에서 인상할 수 있다.

보증금을 월세로 전환하는 비율의 한도는 「상가건물 임대차보호법」에서 정하고 있지만, 반대로 월세를 보증금으로 전환하는 비율에 대해서는 정하지 않고 있다. 다시 말해 시장 금리에 따라 임대인·임차인 간 합의로 정하게 된다.

예를 들어 현재 월세전환율 법정한도는 12%인데 월차임 100만 원을 보증금으로 환산한다면 1억 원이 된다(100만 원 × 12개월 ÷ 12% = 1억 원).

실무에서는 임차인으로서는 보증금이 너무 많으니 줄여 달라고 요구할 수 있고, 합의가 안 되면 보증금 전환을 거절할 수 있다.

임대료 지급과 증감청구

5% 초과하여
지급한 월차임을
돌려받을 수 있을까

Q. 계약을 체결하면서 임대인의 요구로 5%를 초과하는 금액으로 어쩔 수 없이 증액해 주었는데, 나중에 초과분을 다시 돌려받을 수 있을까?

증액비율을 초과하는 범위 내에서 무효이며, 임차인은 그 초과 지급된 차임에 대하여 부당이득으로 반환을 구할 수 있다고 할 것이다(2013다35115 판결).

임대차계약 체결 시 특약사항에 "임대인은 일방적으로 차임을 인상할 수 있고, 임차인은 이의를 제기하지 않는다."라고 약정한 사례는 임차인에게 불리한 것이므로 효력이 없다고 판시한다(대법원 2009다39233 판결).

보증금의 월세전환 시 12% 또는 '한국은행 공시한 기준금리'에 4.5배를 곱한 비율 중 낮은 금액을 초과할 수 없다고 제한한다. 만약, 임대인이 초과 비율의 증액을 요구할 시 쉽게 응하지 말고 법의 제한 범위 내에서 수용할 것이 요구된다.

임대인의 요구로 5%를 초과하는 월차임을 지급했을 경우 지급한 임대료를 돌려받을 수 있을지

[대법원 2014. 4. 30., 선고, 2013다35115, 판결]

【판결요지】

 구「상가건물 임대차보호법」(2009. 1. 30. 법률 제9361호로 개정되기 전의 것, 이하 '법'이라 한다)의 입법 목적, 차임의 증감청구권에 관한 규정의 체계 및 취지 등에 비추어 보면, 법 제11조 제1항에 따른 증액비율을 초과하여 지급하기로 하는 차임에 관한 약정은 증액비율을 초과하는 범위 내에서 무효이고, 임차인은 초과 지급된 차임에 대하여 부당이득으로 반환을 구할 수 있다.

상가 임대료
인상제한율

Q. | 최초 임대차계약 당시 상권이 형성되지 않아 주변 시세보다 저렴하게 임대차계약을 체결하여 운영하였는데 그동안 상권이 형성되어 임대인이 월세를 인상하겠다고 하는데 얼마를 올려 주어야 할까?

보증금 또는 월세가 임차건물에 관한 조세, 공과금, 그 밖의 부담 증감이나 경제 사정의 변동으로 인하여 상당하지 아니하게 된 경우에, 임대인과 임차인은 보증금 또는 월세의 증감을 청구할 수 있다.

임대료 증액이나 감액청구 시에 증액의 경우에는 5%를 초과할 수 없고, 임대차계약 또는 약정한 차임 등의 증액이 있고 난 뒤 최소 1년이 지난 후에 증액을 청구할 수 있다. 따라서 임대료가 주변 시세보다 저렴하더라도, 월세를 증액할 때 5%를 초과해서 인상할 수 없다.

임대료 지급과 증감청구

「상가건물 임대차보호법」 적용이 불가한 상가의 월차임 인상률은

Q. 서울에 있는 상가 임대보증금과 월세의 환산보증금이 9억 원을 초과하면 「상가건물 임대차보호법」에서 제한하는 5% 월차임 인상제한을 적용받을 수 없나?

경제 사정의 변동으로 인하여 임대료가 적정하지 아니하게 된 경우, 당사자는 장래의 차임 또는 보증금에 대하여 증감을 청구할 수 있다.

임대료를 증액하는 경우에는 5% 범위에서 당사자 간에 협의하여 결정할 수 있고, 임차인은 경제 사정의 변동에 따라 동결 또는 감액을 청구할 수 있다.

지역별로 환산보증금이 일정 금액을 초과하면 「상가건물 임대차보호법」에서 규정한 임대료 증액 상한 요율 5% 규정을 적용받을 수가 없다.

「상가건물 임대차보호법」 적용이 되지 않는 임대차에서도 임대인이 임대료를 마음대로 올릴 수 있는 것은 아니다. 상가건물에 관한 조세, 공과금의 변동이나 주변 상가건물의 월세와 보증금의 수준에 맞춰서 올리도록 「상가건물 임대차보호법」(제10조의 2항)에서 정하고 있다. 임대인은 주변 시세를 고려하지 않고 5% 초과해서 임대료 인상을 요구할 수 있지만, 임차인은 그것을 거부할 수 있고 임차인이 합의하지 않으면 임대료는 인상될 수 없는 것이다. 만일 임대인이 임대료 증액청구소송을 법원에 제기하면, 법원에서는 당사자들이 제출하는 주변의 시세 등에 대한 자료들을 보고 판단할 것이므로 주변 시세를 고려해 합당한 범위 내에서 인상 요구를 해야 할 것이다.

건물이 매매되었고 새로운 임대인의 임대료 인상 요구

Q. 기존 임대인이 건물을 매각하여 임대인이 변경되었고, 바뀐 임대인이 임대료를 올려 달라고 하는데 올려 주어야 할까?

임대인이 변경되기 전 임대차계약을 체결하여 사업자등록을 마친 대항력 있는 임차인과 매매를 통해 임대인의 지위를 승계한 새로운 임대인과의 사이에서 기존 임대차계약 내용은 승계되어 유효하게 된다. 때문에, 기존의 계약 내용을 적용하지 않는 새로운 임대인의 임대료 인상 요구를 임차인은 거부할 수 있다. 또한, 임차인은 임대차기간 10년 동안 임대기간 보호가 가능하므로 계약만기에 계약갱신을 요구하여 임대인의 임대차만료 시 명도요구를 거부할 수 있다.

계약이 만기되지 않았는데
임대인이 월세를 올려 달라고 하네요

Q. | 계약을 체결하여 유지하고 있는데 임대인이 계약기간 중간에 임
   | 대료 인상을 요구할 수 있을까?'

임대인은 계약을 체결하거나 갱신한 다음 1년 이내에는 차임의 인상을 요구할 수 없다. 하지만, 계약 후 1년이 지났다면 계약기간 중이라도 임대인은 차임 인상을 요구할 수는 있을 것이다. 그리고 임대료는 임대인이 일방적으로 인상할 수 없으며, 임차인과의 협의가 필요하게 된다.

임대료 지급과 증감청구

오랜 기간 올리지 않은 월세를
한꺼번에 올릴 수 있을까

Q. 계약 후 임대인과 임차인 사이에 아무런 얘기가 없이 4년이 흘렀고 임대인이 그동안 올리지 않았으니 한 번에 올리겠다고 하는데 얼마를 올릴 수 있나?

「상가건물 임대차보호법」 적용을 받는 상가건물이라면 임대인은 임차건물에 관한 조세, 공과금, 경제 사정의 변동으로 인하여 임대료가 상당하지 아니하게 된 경우에는 5% 이내에서 임대료 증액을 청구할 수 있다. 그리고 임대인의 증액청구는 계약을 체결하거나 임대료 인상을 하고 1년 이내에는 할 수가 없게 된다.

「상가건물 임대차보호법」의 임대료 인상 한도 5%는 1회 인상할 때 그 한도가 5%라는 의미이며, 이전에 오랜 기간 인상하지 않은 금액까지 합산해서 한꺼번에 인상할 수 있는 것은 아니다.

임대인이 5% 이내의
월세 인상을 요구하는데
거부하면 계약해지인가요

Q. 임대인이 법에서 허용하는 범위인 5% 인상 요구를 임차인이 거
절하면 계약이 해지되는지?

「상가건물 임대차보호법」에서 허용하는 범위에서의 임대인의 인
상 요구를 임차인이 반드시 따라야 하는 것은 아니다. 임대인이 월
차임 인상을 요구할 때 경제 사정의 변동이나 주변 시세와 비교하
여 타당하지 않다고 판단된다면 임차인은 인상액을 낮춰 달라고 하
거나 인상 요구를 거절할 수가 있다.

실무에서 임대인의 인상 요구를 임차인이 받아들이지 않을 경우
임대인은 임대료 인상을 위해 소송을 제기할 수 있을 것이다. 소송
을 진행하는 법원에서는 패소한 쪽에서 소송비용을 부담하라는 경
우가 대부분이기 때문에 만일 임대인의 인상 요구가 적정한 수준이
라면 협의하여 수용하는 것도 필요할 것이다.

임대료 지급과 증감청구

┃ 차임증액 금지 특약

임대인의 차임증액청구는, 당사자 사이에 차임증액을 금지하는 특약이 있는 경우에는 할 수 없다. 하지만, 임대인은 차임을 증액하지 않겠다는 특약을 계약서에 작성했다 하여도 약정 후 특약을 그대로 유지하는 것이 신의칙에 반한다고 인정될 정도의 사정변경이 있는 경우에는 차임증액청구를 할 수 있다(대법원 96다34061 판결).

┃ 보증금 증액 부분에 대한 대항력

대항력을 갖춘 임차인이 저당권설정등기 이후에 임대인과의 합의로 보증금을 증액한 경우, 보증금 중 증액된 부분은 저당권의 설정 이후에 새로이 체결된 계약에 따른 금액이므로 저당권을 근거로 해 건물을 경락받은 소유자에게 대항할 수 없게 된다(대법원 90다카11377 판결).

┃ 증액에 따른 임대차계약서 작성 및 확정일자

임대인의 증액청구에 따라 차임이나 보증금을 인상하였거나, 재계약을 통해서 인상한 경우에는, 그 증액된 부분을 위한 임대차계약서를 작성하여, 그 증액 부분의 임대차계약서에 확정일자를 받아 두어야만 그날부터 후순위권리자보다 증액 부분에 대해 우선하여 변제받을 수 있다. 따라서, 차임이나 보증금을 증액하는 경우에는 부동산등기부를 확인하여 임차상가건물에 저당권 등 담보물권이 새롭게 설정되어 있지 않은지를 확인한 후 증액 여부를 결정하는 것이 안전할 것이다.

임대료 지급과 증감청구

임차인의
월세 감액 요구가
가능할까

Q. | 임대차계약 후 계약을 유지하고 있는데 임차인이 임대인에게 월
세를 내려 달라고 요구할 수 있을까?

「상가건물 임대차보호법」에서 차임이나 보증금이 임차한 건물에
관한 조세, 공과금, 그 밖의 부담 증감이나 경제 사정의 변동으로
인하여 상당하지 아니하게 된 경우에는 임차인은 장래의 차임 또는
보증금에 대하여 감액을 청구할 수 있다.

임대차계약을 체결할 당시 예상했던 것과는 다르게 유동인구 형
성이 적고 인근에 비어 있는 상가가 많아 상권이 형성되지 못하고
있거나, 인근에 대형 상업지역이 생기는 등 매출 하락이 객관적으
로 증명되어 약정된 임대료를 계속 지급하는 것이 현저히 부당한
경우라면 임차인은 장래 지급할 월세 감액을 임대인에게 청구할 수
가 있다.

┃ 차임 등의 증감청구권

차임 또는 보증금이 임차건물에 관한 조세, 공과금, 그 밖의 부담 증감이나 「감염병의 예방 및 관리에 관한 법률」 제2조 제2호에 따른 제1급 감염병 등에 의한 경제 사정의 변동으로 인하여 상당하지 않게 된 경우에는 당사자는 장래의 차임 또는 보증금에 대하여 증감을 청구할 수 있다. 그러나 증액의 경우에는 청구 당시의 차임 또는 보증금의 100분의 5의 금액을 초과하지 못한다(「상가건물 임대차보호법」 제11조 제1항 및 「상가건물 임대차보호법 시행령」 제4조).

차임 등의 증액청구는 임대차계약 또는 약정한 차임 등의 증액이 있고 난 뒤 1년 이내에는 하지 못한다(「상가건물 임대차보호법」 제11조 제2항). 「감염병의 예방 및 관리에 관한 법률」 제2조 제2호에 따른 제1급 감염병에 따른 경제 사정의 변동으로 차임 등이 감액된 후 임대인이 위에 따라 증액을 청구하는 경우에는 증액된 차임 등이 감액 전 차임 등의 금액에 달할 때까지는 증액의 경우에는 청구 당시의 차임 또는 보증금의 100분의 5의 금액을 초과하지 못한다는 규정을 적용하지 않는다(「상가건물 임대차보호법」 제11조 제3항).

위 규정은 「상가건물 임대차보호법」 시행 당시 존속 중인 임대차에도 적용한다[「상가건물 임대차보호법」(법률 제17490호) 부칙 제2조].

임대료 3기
연체의 의미는

Q. | 임대료 '3기 연체'는 밀린 임대료의 횟수가 3번에 해당하는 것
    | 인지?

임대료 '3기 연체'의 의미는 연체된 금액이 합산하여 3개월분 월
세에 해당하는 경우를 말한다. 만약에 월세를 3번 이상 연체하였어
도 월세 일부라도 지급하면서 밀린 월세가 3개월분에 해당되지 않
으면, 3기 연체에 해당하지 않는 것이다. 「상가건물 임대차보호법」
에서 말하는 3기 연체의 기준은 연체한 횟수가 아닌 3기에 해당하
는 연체한 금액으로 보기 때문이다.

┃ 차임 연체 및 임대차계약해지

※ 차임 연체와 해지(「상가건물 임대차보호법」제10조의8)의 규정은
지역별로 정해진 보증금의 일정 기준금액을 초과하는 임대차에 대해서도
적용된다(「상가건물 임대차보호법」제2조 제3항).

임차인이 3기에 해당하는 차임을 연체하는 경우, 임대인은 임대차계약을 해지할 수 있다(「상가건물 임대차보호법」 제10조의8). 3기 연체의 기준은 지급 시기인데, 예를 들어 1년에 1번씩 120만 원을 지급하기로 한 임대차의 경우에는 3년분의 차임, 즉 360만 원이 된다. 3번에 걸쳐 연체하는 경우 연속적으로 차임을 연체해야 하는지, 1년에 3번 연체하면 임대차계약을 해지할 수 있는지에 의문이 생길 수 있다. 매월 차임을 지급하기로 약정한 경우 연속해서 3개월의 차임을 연체한 경우는 물론, 9월분과 10월분 차임을 연체하고 11월분 차임은 지불하고 다시 12월분 차임을 연체하는 것처럼 1년에 총 3개월분의 차임을 연체한다면 임대차계약을 해지할 수 있다.

위 규정은 강행규정으로서, 이에 위반하는 약정으로서 임차인에게 불리한 것은 무효가 된다(「상가건물 임대차보호법」 제15조). 예를 들어 1번만 차임을 연체해도 임대차계약을 해지할 수 있다고 약정하거나, 3번 이상 연체하면 해지의 의사표시가 없어도 임대차계약이 자동으로 종료된다는 등의 약관조항은 임차인에게 불리하므로 무효인 것이다.

임대료 지급과 증감청구

판례

「상가건물 임대차보호법」 적용 임대차계약의 체결 당시 합의하여 「민법」에서 정한 2기 월차임 연체 시 계약해지 한다고 했을 경우 「상가건물 임대차보호법」 적용을 부정한 사례

[대법원 2014. 7. 24., 선고, 2012다28486, 판결]

【판결요지】

[1] 「상가건물 임대차보호법」에서 정한 임대인의 갱신요구거절권은 계약해지권과 행사 시기, 효과 등이 서로 다를 뿐만 아니라, 「상가건물 임대차보호법」 제10조 제1항이 「민법」 제640조에서 정한 계약해지에 관하여 별도로 규정하고 있지 아니하므로, 「상가건물 임대차보호법」 제10조 제1항 제1호가 「민법」 제640조에 대한 특례에 해당한다고 할 수 없다. 그러므로 「상가건물 임대차보호법」의 적용을 받는 상가건물의 임대차에도 「민법」 제640조가 적용되고, 상가건물의 임대인이라도 임차인의 차임 연체액이 2기의 차임액에 이르는 때에는 임대차계약을 해지할 수 있다. 그리고 같은 이유에서 「민법」 제640조와 동일한 내용을 정한 약정이 「상가건물 임대차보호법」의 규정에 위반되고 임차인에게 불리한 것으로서 위 법 제15조에 의하여 효력이 없다고 할 수 없다.

[2] 갱신 전후 상가건물 임대차계약의 내용과 성질, 임대인과 임차인 사이의 형평, 「상가건물 임대차보호법」 제10조와 민법 제640조의 입법 취지 등을 종합하여 보면, 상가건물의 임차인이 갱신 전부터 차임을 연체하기 시작하여 갱신 후에 차임 연체액이 2기의 차임액에 이른 경우에도 임대차계약의 해지사유인 '임차인의 차임 연체액이 2기의 차임액에 달하는 때'에 해당하므로, 이러한 경우 특별한 사정이 없으면 임대인은 2기 이상의 차임 연체를 이유로 갱신된 임대차계약을 해지할 수 있다.

※ 현재 월차임 3기 연체로 개정되었음.

임대료를 연체하면
연체이자는 얼마

Q. | 임대차계약을 체결하면서 임대인의 요구로 임대료를 연체할 시
연체이자로 15%를 부과한다고 약정한 것이 유효할까?

우리나라는 계약자유의 원칙에 따라 임대차계약의 내용이 사회
질서에 반하는 등의 특별한 사항이 아니라면, 체결된 계약서의 합
의는 원칙적으로 유효하게 된다.

상가 임대차계약에서 연체되는 임대료의 이자에 대하여는 관련
법에서 상한 요율을 규정하고 있지는 않고 있다. 월차임지급에 관
하여는 계약서에 합의가 없을 때는 「민법」에서 월말에 지급하는 것
으로 규정하고 있을 뿐이다. 때문에, 임대인과 임차인의 월세 선지
급 약정과 월차임 연체에 대한 연체료 약정은 특별한 사유가 없는
한 유효하다.

월세로 있는 상가를
임대인이 전세로
전환을 요구할 수 있나

Q. 기존에 전세계약을 체결하여 상가를 사용하고 있는데 임대인이
전세를 월세로 전환하겠다고 일방적으로 주장할 수 있을까?

임대차계약에 있어서 차임은 당사자 간에 합의해야 효력이 있고,
임대차기간에 당사자의 일방이 차임을 변경하고자 할 때도 상대방
의 동의를 얻어야 한다.

임대인의 월세전환요구 통보는 일방적인 주장으로서, 임차인이
합의하지 않는 한 효력이 발생하지 않는다. 임차인은 지금 당장 임
대인의 요구에 대응하여 임대조건 변경을 협의할 수도 있고, 임대
인의 요구를 거절할 수도 있다. 또한, 임차인은 임대기간만료 시까
지 현 임대차계약 내용대로 이행하고, 계약을 갱신할 때 임대인과
임대조건 변경을 협의해도 무방할 것이다.

임대료 지급과 증감청구

┃ 보증금의 월차임 전환

보증금의 전부 또는 일부는 월세로 전환할 수 있다(「상가건물 임대차보호법」제12조). 다만, 보증금의 전부 또는 일부를 월세로 전환하는 경우 내야 하는 월세는 돌려받은 금액에 은행의 대출금리 및 해당 지역의 경제여건 등을 고려하여 연 12%나 한국은행에서 공시한 기준금리에 4.5배를 곱한 비율 중 낮은 비율을 곱한 금액을 월로 나눈 금액을 초과할 수 없다(「상가건물 임대차보호법」제12조 및 「상가건물 임대차보호법 시행령」제5조).

┃ 월차임 전환 시 산정률

보증금의 전부 또는 일부를 월세로 전환하는 경우 전환 금액의 비율은 연 12%를 초과할 수 없다(「상가건물 임대차보호법 시행령」제5조). 예를 들어 보증금 5천만 원인 상가건물의 임대차계약을 체결한 경우 당사자의 합의로 보증금 중 1천만 원을 돌려받고, 나머지는 월세를 내는 것으로 전환할 수 있다. 이때 월세는 돌려받은 1천만 원의 연 12%의 이율인 120만 원을 월로 나눈 10만 원을 넘을 수 없다.

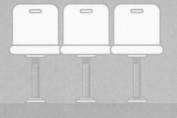

권리금과
권리금반환

임차인의
권리금을 포기하는 특약이
효력이 있을까

Q. 임대차계약 당시 계약서에 특약으로 임차인은 권리금을 포기한다
라고 합의했는데 유효할까?

「상가건물 임대차보호법」의 강행규정으로 임차인에게 불리한 것
은 효력이 없게 된다. 그렇기 때문에 특별한 경우가 아니라면 임차
인의 권리금을 포기하겠다는 약정은 유효하지 않다. 하지만, 임차
인의 권리금 포기 약정이 임대료를 주변 시세보다 저렴하게 책정하
는 등 임차인에게 불리하지 않다면 유효할 수도 있다. 임차인은 임
대인을 상대로 직접적으로 권리금을 청구할 수는 없다. 계약만기 6
개월 전부터 만기일 사이에 임차인이 신규임차인을 주선하여 권리
금을 회수하려 할 때 임대인이 정당한 사유 없이 방해한다면, 임차
인은 임대인을 상대로 손해배상을 청구할 수 있는 것이다.

임대인이 직접 상가를
쓰겠다고 하면

Q. 임차인은 임대차계약만기를 앞두고 양수인을 찾고 있는데 임대인
이 직접 상가를 사용하겠다고 하면서 권리금 회수를 방해하면?

「상가건물 임대차보호법」에서 임차인은 임대차기간 만기 6개월
전부터 임대차 종료 시까지 새로운 임차인을 주선하여 임대인에게
임대차계약 체결할 것을 요구할 수 있다.

임대인은 상가를 본인이 직접 사용한다는 등 정당한 이유 없이
임차인이 요구하는 새로운 임차인과의 임대차계약 체결 요구를 거
절할 수 없다. 만약 임대인이 정당하지 못한 이유로 임차인의 권리
금 회수에 손해가 발생하게 되면, 임차인은 임대인에게 손해배상을
청구할 수 있다. 이때, 손해배상 금액은 임차인이 요구하는 금액이
아니라 감정평가 된 금액이나 수령할 수 있었던 금액, 기지급되었
던 권리금 등의 가장 낮은 금액이 될 것이다.

임대인이
특정 업종을 제한하면

Q. 임대기간 내에 있는 임차인이 사정이 있어 새로운 임차인을 찾으려는데 임대인이 새로운 임차인의 특정 업종을 거부할 수 있을까?

임대인은 임차인에게 새로운 임차인에 대한 특정 업종을 배제할 것을 요구할 수 있다.

인근의 상권형성이나 업종 등의 여러 사정을 고려하여 임대인의 업종과 관련된 요구가 임대인이 새로운 임차인과의 계약 체결을 회피하기 위한 수단으로 악용하는 등 합리적인 범위를 벗어나지 않는다면, 임대인은 업종 변경을 이유로 새로운 임차인과의 계약을 거절할 수 있을 것이다. 임차인은 임대인이 요구하는 업종의 새로운 임차인을 발굴하여 임대차계약을 요구할 수 있고, 임대인이 계약 체결을 거절한다면 임차인은 손해배상청구가 가능하다.

권리금을 받기 위해
양수인을 찾았는데
임대인이 임대료를 많이 올리면

Q. 임차인이 새로운 임차인을 발굴하여 임대인에게 임대차계약을 요구하였는데, 임대인이 고액의 임대료를 요구하여 권리금을 받지 못하고 있다면 어떻게 해야 할까?

「상가건물 임대차보호법」에서 임대인은 정당한 사유 없이 임차인의 권리금 회수기회를 방해했을 때 임차인은 임대인에게 손해배상을 청구할 수 있다.

임차인이 주선한 신규임차인이 되려는 자에게 상가건물에 관한 조세, 공과금, 주변 상가건물의 차임 및 보증금, 그 밖의 부담에 따른 금액에 비추어 현저히 고액의 차임과 보증금을 요구하는 임대인의 행위는 특별한 사유가 없는 한 임차인의 권리금 회수를 방해하는 것으로 볼 수 있다.

임대인의 행위가 임차인의 권리금 회수기회 보호를 방해한 것인지 여부

[대구고법 2017. 10. 26., 선고, 2016나1770, 1787, 판결]

【판결요지】

상가건물을 임차하여 약국을 운영하는 甲이 임대차계약이 종료되기 전 신규임차인이 되려는 乙이 약국을 임차할 수 있도록 주선하고 권리금을 받기로 하는 권리금계약을 체결하였으나, 건물의 소유자인 丙이 임대차계약에 관한 협의 과정에서 乙에게 약사자격증명서, 가족관계증명서, 예금잔고증명서, 약국운영 계획서 등의 제출을 요구하는 한편 기존의 월차임보다 40% 넘게 인상된 액수를 계약조건으로 제시하여 임대차계약에 관한 협의가 결렬되자, 甲이 임대차계약 종료 후 「상가건물 임대차보호법」(이하 '상가임대차법'이라 한다) 제10조의4(이하 '보호 규정'이라 한다)에서 정한 권리금 회수를 방해하였다는 이유로 丙을 상대로 손해배상을 구한 사안에서, 위 보호 규정의 내용, 입법 취지 등에 비추어, 최초의 임대차기간을 포함한 전체 임대차기간이 5년을 초과하여 「상가임대차법」 제10조 제2항에 따라 임차인의 계약갱신요구권이 인정되지 아니한다는 사정만으로 위 보호 규정이 적용되지 않는다고 볼 수 없어, 甲의 임대차계약에 위 보호 규정이 적용될 수 있으나, 제반 사정에 비추어 丙 등이 甲이 주선한 乙과 임대차계약을 체결하지 않았다고 하더라도 이를 가리켜 「상가임대차법」 제10조의4 제1항 제4호에서 정한 "정당한 사유 없이 임대인이 임차인이 주선한 신규임차인이 되려는 자와 임대차계약의 체결을 거절하는 행위"를 함으로써 甲이 주선한 乙로부터 권리금을 지급받는 것을 방해하였다고 보기 어렵고, 달리 「상가임대차법」 제10조의4 제1항 각호에 규정된 방해행위를 하였음을 인정할 증거가 없다는 이유로 丙 등에게 임대차계약에 관한 甲의 권리금 회수를 방해하였으므로 인한 손해배상책임을 인정하기 어렵다고 한 사례.

상가 전차인도
권리금 회수기회 보호를
받을 수 있나

Q. | 임차인이 아닌 전차인은 「상가건물 임대차보호법」상의 권리금 회
수기회 보호를 받을 수 있을까?

전차인은 「상가건물 임대차보호법」상의 권리금 회수기회에 대해
서는 보호를 받을 수 없다.

「상가건물 임대차보호법」은 전대차관계에 대하여 제10조(계약갱
신요구 등), 제10조의 2(계약갱신의 특례) 등에 제한적으로 적용하고
있으며, 제10조의 4(권리금 회수기회 보호 등)는 적용하지 않는다. 전
차인은 최초의 전대차 기간을 포함한 전체 전대차 기간이 10년을
초과하지 않는 범위 내에서만 계약갱신요구권을 행사할 수 있는 것
이다.

권리금을 받은 양도인이
인근에서 같은 업종으로
다시 창업하면

Q. 기존에 운영 중인 사업장을 권리금을 지급하고 가게를 승계받았는데, 양도인(기존 임차인)이 인근에서 같은 업종으로 개업했을 경우 손해배상을 청구할 수 있을까?

권리양수도계약을 통해 권리금을 받아 영업을 양도한 경우 다른 약정이 없다면 양도인은 10년간 동일한 특별시 · 광역시 · 시 · 군과 인접 특별시 · 광역시 · 시 · 군에서 동종 영업을 하지 않아야 할 의무가 있다.

양도인이 인근에 동일한 업종으로 개업을 했을 때, 양수인은 양도인을 상대로 양도인의 영업금지가처분 신청과 손해배상을 청구할 수 있다. 이때, 양수인이 청구할 수 있는 손해배상의 범위는 양수인이 양도인에게 지급했던 권리금뿐만 아니라, 양수인에게 넘겨준 고객명단을 이용한 양도인의 수익도 포함될 수 있을 것이다.

연체한 사실이 있는데 권리금 회수기회 보호를 받을 수 있을까

Q. 영업이 되지 않아 임차인은 3개월 이상의 월차임이 밀리게 되었고, 이후 밀린 월세를 모두 지급하였다. 이후 임차인은 신규임차인을 주선하여 임대인에게 계약서 작성을 요구하였는데, 임대인은 이전에 연체한 사실을 이유로 신규계약을 못 하겠다고 할 때 권리금 회수기회 보호를 받을 수 있을까?

임차인이 월차임을 3개월분 이상 연체한 적이 있었다면 특별한 사유가 없는 한 「상가건물 임대차보호법」의 권리금 회수기회 보호 적용을 받을 수 없다. 임차인이 신규임차인을 주선하여도 임대인은 신규임차인과 임대차계약 체결을 거부할 수 있다는 것이다.

실무에서는 임차인의 권리를 주장하고 법의 보호를 받기 위해 의무를 다해야 한다는 것을 명심해야 한다.

권리금과 권리금반환

10년이 넘게 상가를 운영했는데 권리금 회수기회 보호를 받을 수 있나

Q. | 최초 임대차계약을 체결한 후 10년이 지났고, 만기 후에 임대인이 상가를 사용하겠다고 한다면 권리금을 받을 수 있을까?

최초 임대차계약으로부터 임대차기간이 10년을 초과하면, 임대인은 임차인의 계약갱신요구를 거절할 수 있다. 하지만, 임차인이 영업기간 10년 초과 후 계약갱신요구권을 행사할 수 없는 것과 임차인의 권리금 회수기회 보호 규정은 별개로서, 임차인은 총 영업기간이 10년을 초과했더라도 「상가건물 임대차보호법」의 권리금 회수기회 보호 규정을 적용받을 수 있다. 따라서, 최초 입점한 이후 10년 이상 영업한 임차인은 신규임차인을 주선해 권리금을 회수할 수 있고, 이때 임대인은 협조할 의무가 있다. 만약 임대인이 정당한 사유 없이 임차인의 권리금 회수기회를 방해하였다면 임대인은 임차인의 손해를 책임져야 할 것이다.

실무에서 임대인이 해당 점포를 직접 사용한다는 의사를 확실히

밝힘으로 임차인이 신규임차인을 구할 수 없다면, 임차인은 그와 관련한 내용을 입증하여 손해배상청구가 가능할 것이다. 이때, 임차인은 손해배상청구를 위해 임대인의 계약갱신거부에 관한 확실한 입증자료가 필요하게 되므로 내용증명, 녹취 등의 자료를 준비하는 것이 중요하므로 사전에 준비가 필요하겠다.

임차인이 10년 이상 점포를 사용하였을 때
임차인의 권리금 회수기회 보호 가능 여부

[대전지법 2017. 5. 19., 선고, 2016나108951, 108968, 판결]

【판결요지】

상가건물 일부를 임차하여 10년 이상 점포를 운영하던 甲이 임대차기간 종료 전 乙과 위 점포에 관한 유·무형의 시설과 재산적 가치를 권리금을 받고 양도하기로 하는 계약을 체결하고 임대인 丙 등에게 乙과 새로운 임대차계약을 체결할 것을 주선하였다가 거절당하자, 丙 등을 상대로「상가건물 임대차보호법」제10조의4 제1항에서 정한 권리금 회수 방해금지 의무 위반을 이유로 같은 조 제3항에 따른 손해배상금의 지급을 구하였는데, 丙 등이 전체 임대차기간이 5년을 초과하는 위 임대차계약의 경우는「상가건물 임대차보호법」제10조 제2항에 따라 계약갱신요구권이 없으므로 임대인인 丙 등은 같은 법 제10조의4에서 정한 권리금 회수 방해금지 의무를 부담하지 않는다고 주장한 사안에서,「상가건물 임대차보호법」제10조의4는 같은 법 제10조 제1항 각호를 준용하고 있을 뿐 임차인의 계약갱신요구권 행사의 시적 한계를 규정한 같은 조 제2항을 명시적으로 준용하고 있지 않은데,「상가건물 임대차보호법」제10조의4 자체에 내재된 법원의 법률해석 권한의 폭,「상가건물 임대차보호법」제10조 제1항에서 정한 계약갱신요구권과의 관계,「상가건물 임대차보호법」제10조의4의 입법 취지 등에 비추어 보면,「상가건물 임대차보호법」제10조의4를 해석·적용함에 있어 같은 법 제10조 제2항을 유추·적용하는 것은 법원의 법률해석 권한의 한계를 일탈한 것이므로, 丙 등은「상가건물 임대차보호법」제10조의4에서 정한 권리금 회수 방해금지 의무를 부담한다고 한 사례.

묵시적 갱신 상태에서
임차인의 권리금 회수기회 보호는

Q. 임대인과 임차인이 아무런 말이 없어 묵시적 갱신이 되었는데, 이때 권리금 회수 보호는 어떻게 될까?

임차인은 임대차기간이 끝나기 6개월 전부터 임대차 종료 시까지 신규임차인을 주선할 수 있고, 임대인이 정당한 사유 없이 신규임대차계약 체결을 거부하여 임차인이 손해를 본다면 임대인은 임차인의 손해를 책임져야 한다.

묵시적 갱신 상태에서 임차인은 언제든 계약해지를 요구할 수 있고, 계약해지통지 후 3개월이 지나면 해지의 효력이 발생하게 된다.

때문에, 묵시적 갱신 상태에서는 임차인이 계약해지를 통지하고 3개월 후에 임대차가 종료하게 되므로, 임차인은 그 기간 내에서 신규임차인을 주선함으로써 권리금 회수기회를 보호받을 수 있다. 이때, 임대인이 정당한 사유 없이 신규임대차계약 체결을 거절하면, 임차인은 임대인을 상대로 손해배상을 청구할 수 있다.

최초 계약에서 8년 후 임대인이
상가를 사용하겠다고 했는데
임차인은 권리금을 받을 수 없나

Q. 최초 임대차계약을 체결할 때 임대인은 임차인에게 8년 후 임대인이 상가를 직접 사용하겠다고 말하였고, 임차인도 동의하여 계약을 체결하였다. 그런데 임차인이 새로운 임차인을 주선하여 권리금을 받겠다고 하며 손해배상을 요구하는데 보상을 해 줘야 할까?

임차인을 보호하기 위한 「상가건물 임대차보호법」은 임차인의 권리금 회수기회를 보호하고 있다. 이 조항은 강행규정으로 이 법의 규정에 위반된 약정으로서 임차인에게 불리한 것은 효력이 없다.

임대인은 임차인과 계약하면서 어느 시점에 임대인이 직접 상가를 사용하겠다는 것을 고지했다고 하더라도, 법의 보호를 받는 임차인의 권리금 회수기회를 방해할 수 없다. 만일, 임차인이 권리금을 회수할 기회가 있는데도 불구하고 임대인이 사용해야 한다면, 임차인에게 적절한 보상을 해야 할 것이다.

권리금과 권리금반환

권리금도
세금신고를 해야 하나

Q. 신규임차인을 발굴하여 권리금을 받고 가게를 넘기고 폐업을 했는데, 권리금에 대한 세금신고를 해야 할까?

양수인에게서 받은 권리금은 「소득세법」에 따라 기타소득으로 분류되므로, 당사자는 해당 소득세의 납부 대상이 된다. 또한, 권리양도인은 권리금에 대한 부가가치세를 국세청에 신고 및 납부를 해야 한다.

실무에서 권리금을 현금으로 주고받아 신고하지 않는 경우가 있지만 만일 권리금을 지급한 양수인이 세금을 줄이기 위해 비용처리를 하면 양도인은 탈세가 되며, 신고 불성실로 인해 가산세 등이 추징될 수 있다.

건물이 경매되면
권리금 회수기회 보호를
받을 수 있을까

Q. 임차하고 있는 건물이 경매에 넘어가면 임차인의 권리금 회수기
회 보호를 받을 수 있을까?

임차한 건물의 경매 진행에서 임차인이 배당요구를 하고 임대차
계약을 종료하게 되면 임대차보증금은 반환받을 수 있겠지만, 경매
가 진행 중인 상가에 신규임차인을 구할 수 없는 임차인은 「상가건
물 임대차보호법」상 권리금 회수기회는 보호받을 수가 없을 것이다.

배당요구를 하지 않은 사업자등록을 한 대항력 있는 임차인은 건
물을 낙찰받은 매수인에게 현 임대차계약 내용을 주장함으로써 애
초의 임대차만료일까지 영업할 수 있을 것이다. 임차인의 임차권은
임차건물에 대하여 「민사집행법」에 따른 경매의 실행으로 임차건
물이 매각되면 소멸하게 된다. 이때, 보증금의 전액이 변제되지 아
니한 대항력이 있는 임차권은 소멸하지 않는다. 임차건물이 경매가
실행되어 매각될 경우 권리금 회수기회 보호에 관한 내용은 관련법
에서 규정하고 있지 않다. 대항력이 있는 임차인은 경매의 경락자

인 매수인에게 임차권을 주장하고 임대차 만기일에 보증금반환을 청구할 수 있지만, 경매가 실행되는 당장은 권리금 회수기회 보호 적용을 받을 수 없다.

실무에서 임차인은 임대차 만기일 6개월 전부터 만기일 사이에 새로운 임차인을 주선하여 「상가건물 임대차보호법」의 권리금 회수기회 보호의 적용을 받을 수 있을 것이다.

임대인이 비영리목적으로
사용이 가능한 기준은 무엇

Q. 임대인이 상가를 1년 6개월 이상 영리목적으로 사용하지 않으면
권리금 회수기회 방해에 해당하지 않는 기준일은 언제부터일까?

「상가건물 임대차보호법」에 따라 임차인이 신규임차인을 주선
해 권리금을 회수하려고 하면, 임대인은 이에 협조해야 할 의무가
있다. 만약 임대인이 임차인의 권리금 회수를 방해하여 임차인에
게 손해가 발생하면 배상해야 한다. 하지만, 임대인이 '임차목적물
인 상가건물을 1년 6개월 이상 영리목적으로 사용하지 아니한 경
우'는 그 책임을 면할 수 있고, '1년 6개월'은 임대차계약 종료 후부
터 1년 6개월을 의미한다. 다만, 임대인이 다른 사유로 신규임대차
계약 체결을 거절한 후 사후적으로 1년 6개월 동안 상가건물을 영
리목적으로 사용하지 않았다는 사정만으로는 손해배상책임을 면할
수 없다(대법원 2021. 11. 25. 선고 2019다285257 판결).

권리금과 권리금반환

임대인이 비영리목적으로 사용한다고 하고 매각을 하면

Q. | 임대인은 계약을 거부하면서 비영리목적으로 사용하겠다고 하고 건물을 매도한 경우, 권리금을 회수하지 못한 임차인은 손해배상 청구가 가능할까?

임차목적물인 상가건물을 1년 6개월 이상 영리목적으로 사용하지 아니한 경우는 임대인이 임대차 종료 후 임대차목적물인 상가건물을 1년 6개월 이상 영리목적으로 사용하지 아니하는 경우를 말한다.

임대인이 손해배상책임을 면하기 위해서는 실제로도 1년 6개월 동안 상가건물을 영리목적으로 사용하지 않아야 한다. 여기서 영리목적이 아닌 1년 6개월 동안 동일한 임대인이어야 하는 것은 아니다. 임대인이 상가건물을 영리목적으로 사용하지 않는 상태가 새로운 소유자의 소유기간에도 계속하여 그대로 유지될 것을 전제로 처분하고, 실제 새로운 소유자가 그 기간에 상가건물을 영리목적으로 사용하지 않아, 실제 비영리 사용기간이 1년 6개월 이상이 되는 경우라면, 임대인에게 임차인의 권리금을 가로챌 의도가 있었다고 보기 어렵다(대법원 2021다 272346 판결). 따라서, 단순히 임차물의 비사용기간을 1년 6개월 동안 채우지 않고 상가건물을 매도했다는 사유만으로 손해배상을 청구하기는 어렵다.

판례

임대인이 영리목적으로 사용하지 않을 경우

[대법원 2022. 1. 14., 선고, 2021다272346, 판결]

【판결요지】

「상가건물 임대차보호법」 제10조의4 제2항 제3호에서 정하는 "임대차목적물인 상가건물을 1년 6개월 이상 영리목적으로 사용하지 아니한 경우"는 임대인이 임대차 종료 후 임대차목적물인 상가건물을 1년 6개월 이상 영리목적으로 사용하지 아니하는 경우를 말하고, 위 조항에 따른 정당한 사유가 있다고 하기 위해서는 임대인이 임대차 종료 시 그러한 사유를 들어 임차인이 주선한 자와 신규임대차계약 체결을 거절하고, 실제로도 1년 6개월 동안 상가건물을 영리목적으로 사용하지 않아야 한다. 이때 종전 소유자인 임대인이 임대차 종료 후 상가건물을 영리목적으로 사용하지 아니한 기간이 1년 6개월에 미치지 못하는 사이에 상가건물의 소유권이 변동되었더라도, 임대인이 상가건물을 영리목적으로 사용하지 않는 상태가 새로운 소유자의 소유기간에도 계속하여 그대로 유지될 것을 전제로 처분하고, 실제 새로운 소유자가 그 기간에 상가건물을 영리목적으로 사용하지 않으며, 임대인과 새로운 소유자의 비영리 사용기간을 합쳐서 1년 6개월 이상이 되는 경우라면, 임대인에게 임차인의 권리금을 가로챌 의도가 있었다고 보기 어려우므로, 그러한 임대인에 대하여는 위 조항에 의한 정당한 사유를 인정할 수 있다.

양수인을 찾을 때
임대인의 동의가 필요한지

Q. | 임차인 A 씨는 영업하고 있는 상가를 권리금을 받고 양도하기 위
해 양수인을 찾으려고 하는데, 임대인 동의가 필요할까?

임대차계약은 약정한 임대차기간 내에 일방 당사자는 상대방의 동의 없이 임대차계약을 해지할 수 없다. 그리고 임차인은 특별한 사유가 없는 한 임대인의 동의 없이 임차권을 양도할 수 없고, 임차인이 그 규정을 위반한 때에는 임대인은 계약을 해지할 수 있다. 임차권 양도는 신규임대차계약 체결을 전제로 하는 것이 일반적이므로, 신규임차인의 처지에서도 임대인의 동의 없이 임차권을 양수받으려는 것은 위험 부담이 따를 것이다.

임차인은 임대차계약 만료일 직전 6개월 동안 신규임차인을 주선할 수 있고, 임대인은 정당한 사유 없이 이를 거절할 수 없다. 임대인은 임차인이 주선한 신규임차인과의 신규임대차계약 체결을 거부할 수 있다. 하지만, 임대인이 「상가임대차법」의 권리금 회수

기회 보호 규정을 위반했다면, 임대인은 임차인의 손해에 대한 책임을 져야 할 것이다.

권리금계약 후 임대차계약이 체결되지 않으면 계약금을 돌려받을 수 있나

Q. │ 상가 권리금계약을 하고 임대차계약을 하려는데 임대인이 임대료를 올리겠다고 하여 임대차계약이 체결되지 않았을 때 양수인이 지급한 권리금계약금을 돌려받을 수 있을까?

권리금이 있는 상가양수도계약 체결에서 임대차계약의 성립 여부에 대하여 약정한 내용이 없더라도, 권리양수도계약과 신규임대차계약은 부종성 관계로 분리할 수 없는 관계로 인정하는 것이 일반적이다. 권리양수도계약의 양수인과 임대인과의 임대차계약에서 무리하게 임대료를 인상하는 등 임대조건 변경이 있고, 신규임차인의 책임 없는 사유로 신규임대차계약이 체결되지 못할 경우, 특별한 사유가 없다면 신규임차인은 먼저 체결한 권리양수도계약을 무효를 주장하고 양도인(임차인)에게 지급했던 계약금을 청구할 수 있다.

권리금계약은 임대차계약과 별개의 계약이나 임대차계약에 부종

한다고 보는 것이 일반적이다. 따라서 임대차계약이 무효화된 경우 권리금계약도 무효화된다고 할 것이다. 상가 임대차계약을 체결하면서 계약금을 포기함으로써 주된 계약인 임대차계약을 무효로 돌리면 지급하였던 금액은 원칙적으로 부당이득으로 청구할 수 있다. 누구의 귀책사유인지에 따라서 법률효과가 달라질 수 있다.

권리금과 권리금반환

권리양수인이 임대차계약 하려는데 임대인이 임대기간을 2년 한정이라고 하면

> **Q.** 임차인 A는 양수인을 발굴한 후 임대인과 임대차계약서를 작성하려 하는데 임대인이 새로운 임차인에게 "재건축 이유로 임대차기간 2년 한정"이라고 하였을 경우 권리금 회수기회 방해에 해당하는지?

대법원은 임차인이 주선한 신규임차인에게 임대하되 재건축을 이유로 기간을 2년으로 한정하겠다고 한 것도 정당한 사유 없이 권리금 회수행위를 방해한 것으로 봤다(2022. 5. 13. 선고 2021다286262 판결).

임대인이 임차인이 주선한 신규임차인이 될 사람에게 부동산을 재건축할 예정이므로 임대기간을 2년으로 한정하고 재건축 진행 시 바로 계약해지 하고, 부동산을 인도해야 한다며, 재건축 완료 후 우선 임차권을 보장해 줄 수 없다고 요구하자, 우선 임차권 보장을 요구해 오던 신규임차인이 될 사람이 임대차계약의 체결을 포기한 사안이다.

「상가건물 임대차보호법」상 "임대인은 임대차기간이 끝나기 6개월 전부터 임대차 종료 시까지 임차인이 권리금계약에 따라 주선한 신규임차인이 되려는 자로부터 권리금을 지급받는 것을 방해해서는 안 된다."고 되어 있다. 예외로, 임대인이 계약갱신을 거부할 수 있는 사유에 해당하는 경우에는 권리금 회수기회를 주지 않아도 된다.

임대인은 정당한 사유 없이 임차인이 주선한 신규임차인이 되려는 자와 임대차계약의 체결을 거절할 수 없다. 임대차계약 체결 시 임대인은 재건축 계획이 있다고만 하였고, 특정 시점을 구체적으로 밝히지 않았으며, 이후 임차인이 새로운 임차인을 주선하여 권리금을 받으려 하자 임대인이 새로운 임차인이 되려는 자에게 재건축 계획을 얘기하며 임대차계약을 방해하였다면, 특별한 사정이 없으면 임대인은 임차인이 입은 손해를 배상할 책임이 있다.

권리금계약 후 임대인의 비협조로 임대차계약을 체결하지 못한 경우

Q. │ 임차인은 양수인을 발굴하여 권리금계약을 하였으나, 임대인의
   │ 비협조로 임대차계약을 체결하지 못하는 경우?

임대인의 비협조로 인하여 임대차계약을 이루지 못하는 것으로 주 계약인 임대차계약이 권리금계약당사자 간의 고의 또는 과실이 없이 무효 또는 해제됨에 따라 부종성의 원칙에 따라 무효가 된 것이므로 이미 지급된 계약금을 반환받을 수 있을 것이다.

임대인이 권리금 회수기회를 방해한 사례

[대법원 2022. 1. 27., 선고, 2019다299058, 판결]

【판결요지】

[1] 「상가건물 임대차보호법」(이하 '상가임대차법'이라 한다) 제10조의3, 제10조의4의 문언과 내용, 입법 취지 등을 종합하면, 임차인이 구체적인 인적사항을 제시하면서 신규임차인이 되려는 자를 임대인에게 주선하였음에도 임대인이 「상가임대차법」 제10조의4 제1항에서 정한 기간에 이러한 신규임차인이 되려는 자에게 권리금을 요구하는 등 위 제1항 각호의 어느 하나에 해당하는 행위를 함으로써 임차인이 신규임차인으로부터 권리금을 회수하는 것을 방해한 때에는 임대인은 임차인이 입은 손해를 배상할 책임이 있다. 특히, 임대차계약이 종료될 무렵 신규임차인의 주선과 관련해서 임대인과 임차인이 보인 언행과 태도, 이를 둘러싼 구체적 사정 등을 종합적으로 살펴볼 때, 임대인이 정당한 사유 없이 임차인이 신규임차인이 되려는 자를 주선하더라도 그와 임대차계약을 체결하지 않겠다는 의사를 확정적으로 표시한 경우에는 임차인이 실제로 신규임차인을 주선

하지 않았더라도 위와 같은 손해배상책임을 진다.

　[2] 건물 내구연한 등에 따른 철거·재건축의 필요성이 객관적으로 인정되지 않거나 그 계획·단계가 구체화하지 않았음에도 임대인이 신규임차인이 되려는 사람에게 짧은 임대 가능기간만 확정적으로 제시·고수하는 경우 또는 임대인이 신규임차인이 되려는 사람에게 고지한 내용과 모순되는 정황이 드러나는 등의 특별한 사정이 없으면, 임대인이 신규임차인이 되려는 사람과 임대차계약 체결을 위한 협의 과정에서 철거·재건축 계획 및 그 시점을 고지하였다는 사정만으로는 「상가건물 임대차보호법」(이하 '상가임대차법'이라 한다) 제10조의4 제1항 제4호에서 정한 '권리금 회수 방해행위'에 해당한다고 볼 수 없다. 임대차계약의 갱신에 관한 「상가임대차법」 제10조 제1항과 권리금의 회수에 관한 「상가임대차법」 제10조의3, 제10조의4의 각 규정의 내용·취지가 같지 아니한 이상, 후자의 규정이 적용되는 임대인의 고지 내용에 「상가임대차법」 제10조 제1항 제7호 각 목의 요건이 충족되지 않더라도 마찬가지이다.

권리금 회수기회
보호 사례

Q. A는 B 소유 건물 중 70㎡ 정도의 점포를 계약기간 1년으로 정하여 임차하면서, 임차보증금 1억 원, 월차임으로 매월 100만 원의 차임을 주기로 하였다. 한편, A는 이 점포를 인수하면서 종전 임차인에게 권리금 조로 3천만 원을 추가 지급한 바 있다. 계약기간이 만료될 무렵 자금 사정이 좋지 못한 A는 사업을 접고자 새로운 임차인 C를 물색하여 임대인인 B에게 소개하여 주었으며, 새로운 임차인 C에게서 권리금 명목으로 4천만 원을 받기로 하였다. 그런데, 임대인은 임차인을 괴롭힐 의도로 새로운 임차인 C에게 종전 임차계약에 비해 2배에 달하는 조건을 내걸었다. 이에, 새로운 임차인 C는 새로운 임차조건을 도저히 수용할 수 없어 임차계약을 포기하기에 이르렀고, 그로 인해 A는 상당한 손해를 입게 되었다. 이때 A는 B에게 손해배상을 청구할 수 있을까?

위 사례에서 종전 임차인이 권리금을 회수하기 위하여 신규임차인을 주선하였음에도 특별한 사정변경이 없는데도 종전 임차계약의 2배에 해당하는 조건을 걸어 현저히 고액의 차임과 보증금을 요구하여 계약 체결에 이르지 못하게 한 것이므로, 「상가건물 임대차보호법」 제10조의4 제1항 제3호에서 금지한 행위를 저지른 것이며, 이로 인해 손해를 입었으므로, 같은 조 제3항에 따라 임차인 A가 입은 손해를 배상하여야 한다. 다만, 손해배상액은 A가 신규임차인 C와 합의한 4천만 원이 아니라 계약 종료 당시 권리금이었던 3천만 원만 배상받게 된다.

임차인의 임차목적물 반환의무와 임대인의 권리금 회수 방해로 인한 손해배상의무가 동시이행 관계에 있는지 여부

[대법원 2019. 7. 10., 선고, 2018다242727, 판결]

【판결요지】

임차인의 임차목적물 반환의무는 임대차계약의 종료에 의하여 발생하나, 임대인의 권리금 회수 방해로 인한 손해배상의무는 「상가건물 임대차보호법」에서 정한 권리금 회수기회 보호의무 위반을 원인으로 하고 있으므로 양 채무는 동일한 법률요건이 아닌 별개의 원인에 기하여 발생한 것일 뿐 아니라 공평의 관점에서 보더라도 그사이에 이행상 견련관계를 인정하기 어렵다.

| 권리금이란

'권리금'이란 임대차목적물인 상가건물에서 영업하는 자 또는 영업을 하려는 자가 영업 시설·비품, 거래처, 신용, 영업상의 노하우, 상가건물의 위치에 따른 영업상의 이점 등 유형·무형의 재산적 가치의 양도 또는 이용 대가로서 임대인, 임차인에게 보증금과 차임 이외에 지급하는 금전 등의 대가를 말한다(「상가건물 임대차보호법」 제10조의3 제1항).

| 권리금계약

'권리금계약'이란 신규임차인이 되려는 자가 임차인에게 권리금을 지급하기로 하는 계약을 말한다(「상가건물 임대차보호법」 제10조의3 제2항).

| 임차인의 권리금 회수기회의 보호

임대인은 임대차기간이 끝나기 6개월 전부터 임대차 종료 시까지 다음의 어느 하나에 해당하는 행위를 함으로써 권리금계약에 따라 임차인이 주선한 신규임차인이 되려는 자로부터 권리금을 지급받는 것을 방해해서는 안 된다. 다만, 「상가건물 임대차보호법」 제10조 제1항 각호의 어느 하나에 해당하는 사유가 있는 경우에는 그렇지 않다(「상가건물 임대차보호법」 제10조의4 제1항).

1. 임차인이 주선한 신규임차인이 되려는 자에게 권리금을 요구하거나 임차인이 주선한 신규임차인이 되려는 자로부터 권리금을 수수하는 행위
2. 임차인이 주선한 신규임차인이 되려는 자로 하여금 임차인에게 권리금을 지급하지 못하게 하는 행위
3. 임차인이 주선한 신규임차인이 되려는 자에게 상가건물에 관한 조세, 공과금, 주변 상가건물의 차임 및 보증금, 그 밖의 부담에 따른 금액에 비추어 현저히 고액의 차임과 보증금을 요구하는 행위
4. 그 밖에 정당한 사유 없이 임대인이 임차인이 주선한 신규임차인이 되려는 자와 임대차계약의 체결을 거절하는 행위

다음의 어느 하나에 해당하는 경우에는 위의 4.의 정당한 사유가 있는 것으로 본다(「상가건물 임대차보호법」 제10조의4 제2항).

➡ 임차인이 주선한 신규임차인이 되려는 자가 보증금 또는 차임을 지급할 자력이 없는 경우

➡ 임차인이 주선한 신규임차인이 되려는 자가 임차인의 의무를 위반할 우려가 있거나 그 밖에 임대차를 유지하기 어려운 상당한 사유가 있는 경우

➡ 임대차목적물인 상가건물을 1년 6개월 이상 영리목적으로 사용하지 않은 경우

➡ 임대인이 선택한 신규임차인이 임차인과 권리금계약을 체결하고 그 권리금을 지급한 경우

권리금과 권리금반환

임대인이 위를 위반하여 임차인에게 손해를 발생하게 한 때에는 그 손해를 배상할 책임이 있다. 이 경우 그 손해배상액은 신규임차인이 임차인에게 지급하기로 한 권리금과 임대차 종료 당시의 권리금 중 낮은 금액을 넘지 못한다(「상가건물 임대차보호법」 제10조의4 제3항). 이에 따라 임대인에게 손해배상을 청구할 권리는 임대차가 종료한 날부터 3년 이내에 행사하지 않으면 시효의 완성으로 소멸한다(「상가건물 임대차보호법」 제10조의4 제4항).

임차인은 임대인에게 임차인이 주선한 신규임차인이 되려는 자의 보증금 및 차임을 지급할 자력 또는 그 밖에 임차인의 의무를 이행할 의사 및 능력에 관하여 자신이 알고 있는 정보를 제공하여야 한다(「상가건물 임대차보호법」 제10조의4 제5항).

| 권리금의 회수 대상

권리금은 양수인인 새로운 임차인으로부터만 받을 수 있을 뿐이고, 보증금과는 달리 임대인에게 그 지급을 구할 수 없는 것이 일반적이다.

권리금이 임차인으로부터 임대인에게 지급된 경우에, 그 유형·무형의 재산적 가치의 양수 또는 약정기간 동안의 이용이 유효하게 이루어진 이상 임대인은 그 권리금의 반환의무를 지지 아니하며, 다만 임차인은 당초의 임대차에서 반대되는 약정이 없는 한 임차권의 양도 또는 전대차의 기회에 부수하여 자신도 그 재산적 가치를 다른 사람에게 양도 또는 이용케 함으로써 권리금 상당액을 회수할 수 있을 뿐이다(대법원 2002. 7. 26. 선고 2002다25013 판결, 대법원 2001. 4. 10. 선고 2000다59050 판결).

▌ 임대인의 손해배상책임

임대인이 위의 권리금 회수 금지 행위를 위반하여 임차인에게 손해를 발생하게 한 경우에는 그 손해를 배상할 책임이 있다(「상가건물 임대차보호법」 제10조의4 제3항 전단). 이 경우 그 손해배상액은 신규임차인이 임차인에게 지급하기로 한 권리금과 임대차 종료 당시의 권리금 중 낮은 금액을 넘지 못한다(「상가건물 임대차보호법」 제10조의4 제3항 후단).

임대인에게 손해배상을 청구할 권리는 임대차가 종료한 날부터 3년 이내에 행사하지 아니하면 시효의 완성으로 소멸한다(「상가건물 임대차보호법」 제10조의4 제4항).

▌ 임차인의 정보제공의무

임차인은 임대인에게 임차인이 주선한 신규임차인이 되려는 자의 보증금 및 차임을 지급할 자력 또는 그 밖에 임차인의 의무를 이행할 의사 및 능력에 관하여 자신이 알고 있는 정보를 제공하여야

권리금과 권리금반환

한다(「상가건물 임대차보호법」 제10조의4 제5항).

▌권리금 적용 제외

권리금 회수기회의 보호에 관한 규정은 임대차목적물인 상가건물이 「유통산업발전법」 제2조에 따른 대규모점포 또는 준대규모점포의 일부인 경우(다만, 규제 「전통시장 및 상점가 육성을 위한 특별법」 제2조 제1호에 따른 전통시장은 제외)나 임대차목적물인 상가건물이 「국유재산법」에 따른 국유재산 또는 「공유재산 및 물품 관리법」에 따른 공유재산인 경우에 해당하는 상가건물 임대차의 경우에는 적용하지 않는다(「상가건물 임대차보호법」 제10조의5).

▌계약갱신요구 등에 관한 임시 특례

임차인이 「상가건물 임대차보호법」(법률 제17490호 일부개정 법률 2020. 9. 29. 개정·시행) 시행일부터 6개월까지의 기간 동안 연체한 차임액은 「상가건물 임대차보호법」 제10조 제1항 제1호, 제10조의4 제1항 단서 및 제10조의8의 적용에서는 차임 연체액(이 경우 연체한 차임액에 대한 임대인의 그 밖의 권리는 영향을 받지 않음)으로 보지 않는다(「상가건물 임대차보호법」 제10조의9). 이 특례규정은 「상가건물 임대차보호법」 시행 당시 존속 중인 임대차에 대하여도 적용한다[「상가건물 임대차보호법」(법률 제17490호) 부칙 제2조].

판례에서는 임대인이 권리금반환의무를 부당하기 위하여는 반환을 하겠다는 약정이 있는 등 특별한 사정이 있을 것을 요구하고 있다.

권리금 수수 후 약정기간 동안 임대차를 존속시켜 그 재산적 가치를 이용할 수 있도록 약정하였음에도 임대인의 사정으로 중도 해지 되어 약정기간 동안 재산적 가치를 이용할 수 없었거나, 임대인이 임대차의 종료에 즈음하여 재산적 가치를 도로 양수하는 경우 등의 특별한 사정이 있을 때는 임대인은 권리금의 전부 또는 일부에 대해 반환의무를 부담한다(대법원 2002. 7. 26. 선고 2002다25013 판결, 대법원 2000다59050 판결).

권리금이 그 수수 후 일정한 기간 이상으로 그 임대차를 존속시키기로 하는 임차권 보장의 약정하에 임차인으로부터 임대인에게 지급된 경우에는 보장기간 동안의 이용이 유효하게 이루어진 이상 임대인은 그 권리금의 반환의무를 부담하지 않는다. 그러나 백화점 내 매장에 관하여 2년 이상 영업을 보장한다는 약정하에 임차인에게서 영업권리금을 지급받았으나 백화점과의 계약이 갱신되지 않아 임차인에게 당초 보장된 기간의 재산적 가치를 이용하게 해 주지 못한 사안에서, 임대인은 임차인에게 영업권리금 중 일부를 반환할 의무가 있다(대법원 2010다85164 판결).

임대인이 반환의무를 부담하는 권리금의 범위는 지급된 권리금을 경과기간과 잔존기간에 대응하는 것으로 나누어, 임대인은 임차인으로부터 수령한 권리금 중 임대차계약이 종료될 때까지의 기간에 대응하는 부분을 공제한 잔존기간에 대응하는 부분만을 반환할 의무를 부담한다(대법원 2002. 7. 26. 선고 2002다25013 판결, 대법원 2001다20394, 20400 판결).

임대인의 권리금 회수기회 방해 해당 여부

[대법원 2022. 8. 11., 선고, 2022다202498, 판결]

【판결요지】

[1] 「상가건물 임대차보호법」(이하 '상가임대차법'이라 한다) 제10조의3, 제10조의4의 문언과 내용, 입법 취지 등을 종합하면, 임차인이 구체적인 인적사항을 제시하면서 신규임차인이 되려는 자를 임대인에게 주선하였음에도 임대인이 「상가임대차법」 제10조의4 제1항에서 정한 기간에 이러한 신규임차인이 되려는 자에게 권리금을 요구하는 등 위 제1항 각호의 어느 하나에 해당하는 행위를 함으로써 임차인이 신규임차인으로부터 권리금을 회수하는 것을 방해한 때에는 임대인은 임차인이 입은 손해를 배상할 책임이 있다. 특히, 임대차계약이 종료될 무렵 신규임차인의 주선과 관련해서 임대인과 임차인이 보인 언행과 태도, 이를 둘러싼 구체적 사정 등을 종합적으로 살펴볼 때, 임대인이 정당한 사유 없이 임차인이 신규임차인이 되려는 자를 주선하더라도 그와 임대차계약을 체결하지 않겠다는 의사를 확정적으로 표시한 경우에는 임차인이 실제로 신규임차인을 주선

하지 않았더라도 위와 같은 손해배상책임을 진다.

　[2] 건물 내구연한 등에 따른 철거·재건축의 필요성이 객관
적으로 인정되지 않거나 그 계획·단계가 구체화되지 않았음에
도 임대인이 신규임차인이 되려는 사람에게 짧은 임대 가능기
간만 확정적으로 제시·고수하는 경우 또는 임대인이 신규임
차인이 되려는 사람에게 고지한 내용과 모순되는 정황이 드러
나는 등의 특별한 사정이 없으면, 임대인이 신규임차인이 되려
는 사람과 임대차계약 체결을 위한 협의 과정에서 철거·재건
축 계획 및 그 시점을 고지하였다는 사정만으로는 「상가건물 임
대차보호법」(이하 '상가임대차법'이라 한다) 제10조의4 제1항
제4호에서 정한 '권리금 회수 방해행위'에 해당한다고 볼 수 없
다. 임대차계약의 갱신에 관한 「상가임대차법」 제10조 제1항과
권리금의 회수에 관한 「상가임대차법」 제10조의3, 제10조의4의
각 규정의 내용·취지가 같지 아니한 이상, 후자의 규정이 적용
되는 임대인의 고지 내용에 「상가임대차법」 제10조 제1항 제7
호 각 목의 요건이 충족되지 않더라도 마찬가지이다.

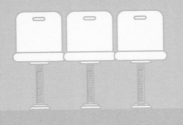

상가건물 권리분석

권리분석방법

Ⅰ 권리확인의 필요성

경매 물건의 매수인으로 결정되어 매각대금을 모두 지급하면 소유권 등 매각의 목적인 권리를 취득하는 동시에 전세권·저당권 등 경매 물건에 설정되어 있던 권리 중 말소되지 않은 권리를 인수하게 된다(「민사집행법」 제135조 및 제144조 제1항).

경매 물건에 설정된 권리를 인수하면 매수인의 부담이 늘어날 수 있으며, 해당 물건에 대한 소유권을 행사하는 데 제약이 따를 수 있다. 예를 들어 전세권이 인수된 경우에는 전세권자에게 변제해 줘야 할 비용부담이 추가되며, 지역권이 인수된 경우에는 해당 물건의 사용이 제한될 수 있다. 따라서 입찰에 참여하기 전에 해당 물건의 매수로 인해 인수하게 되는 권리가 있는지를 확인할 필요가 있다.

┃ 권리확인의 방법

말소되거나 인수되는 권리를 확인하기 위해서는 우선 부동산등기
기록과 현장조사를 통해 어떤 권리들이 설정되어 있는지를 살펴봐
야 한다. 매수인에게 인수되지 않고 말소되는 권리는 일반적으로 배
당절차에 참가한 권리이므로 배당요구를 한 이해관계인이 어떤 권
리를 원인으로 배당을 요구했는지 살펴보는 것도 한 방법이다(「민사
집행법」 제88조 및 제148조). 경매 물건에 설정된 권리는 부동산등기
기록을 통해 확인할 수 있으며, 유치권·분묘기지권 등 부동산등기
기록에 드러나지 않는 사항은 현장조사를 통해 확인할 수 있다.

위와 같은 방법으로 알아낸 권리를 등기된 시간의 순서대로 배열
한 후 말소의 기준이 되는 최선순위(最先順位) 권리를 찾는다. 말소
기준등기를 찾은 후에는 인수되는 권리가 있는지를 살펴봐야 한다.
말소의 기준이 되는 최선순위권리는 저당권, 근저당권, 압류, 가압
류, 경매개시결정등기 중 가장 먼저 등기된 권리가 된다. 이 말소기
준권리보다 먼저 등기된 권리는 매수인에게 인수(선순위권리)되며,
말소기준권리보다 후에 등기된 권리는 대부분 말소(후순위권리)된다
(「민사집행법」 제91조 제3항, 제144조 제1항 제3호 및 「가등기담보 등에
관한 법률」 제15조).

Ⅰ 말소 · 인수되는 권리의 확인

 매수로 인해 말소되거나 인수될 수 있는 권리에는 저당권, 압류, 가압류, 지상권, 지역권, 전세권, 등기된 임차권, 유치권 및 분묘기지권 등이 있다.

〈말소 · 인수되는 권리의 정리〉

말소되는 권리	인수되는 권리
• (근)저당권, (가)압류 • 말소기준권리보다 후에 설정된 지상권 · 지역권 · 배당요구를 하지 않은 전세권 · 등기된 임차권 · 가처분 • 배당요구를 한 전세권 • 담보가등기	• 유치권, 법정지상권, 분묘기지권 • 말소기준권리보다 먼저 설정된 지상권 · 지역권 · 배당요구를 하지 않은 전세권 · 등기된 임차권 · 순위보전을 위한 가등기 · 가처분 • 후순위 가처분 중 토지소유자가 지상 건물에 대한 철거를 위해 한 처분금지가처분

Ⅰ (근)저당권

 저당권은 채무자 또는 제3자가 점유를 이전하지 않고 채무의 담보로 제공한 부동산에 대해 다른 채권자보다 자기채권을 우선변제 받을 수 있는 권리를 말하며(「민법」 제356조), 근저당권은 계속적인 거래관계로부터 장래 발생할 다수의 불특정 채권을 담보하기 위해 그 담보할 채무의 최고액만을 정하고 장래에 확정되는 채권을 그 범위 안에서 담보하는 권리를 말한다(「민법」 제357조).

경매 물건에 설정된 (근)저당권은 말소기준권리로서 매수인의 매수로 인해 말소된다(「민사집행법」 제91조 제2항). 또한, (근)저당권이 등기된 이후에 설정된 지상권 · 지역권 · 전세권 · 등기된 임차권 · 압류 · 가압류 · 가등기담보 등은 말소기준권리 이후에 설정된 후순위권리이므로 모두 소멸한다(「민사집행법」 제91조 제3항).

〈예시〉

등기 순위	권리	권리자	일자	권리 내용	권리의 말소 · 인수
1	저당권	갑	2006. 02. 23.	채권액 100,000,000	말소 (최선순위)
2	임차권	을	2006. 04. 02.	보증금 100,000,000 (등기됨)	말소
3	근저당권	병	2007. 09. 15.	채권액 50,000,000	말소
4	전세권	정	2008. 09. 15.	보증금 150,000,000	말소
5	강제경매	정	2009. 01. 16.		

이 경우 갑의 저당권은 매수로 인해 말소되며, 임차권 · 근저당권 · 전세권은 말소기준권리인 저당권 이후에 설정된 권리이므로 모두 말소된다. 따라서 매수인에게는 인수되는 권리는 없다.

| (가)압류

  압류는 채권의 실행을 확보하기 위해 집행법원이 확정판결이나 그 밖의 집행권원에 근거해 채무자의 재산처분을 금지하는 것을 말하며(「민사집행법」 제24조, 제83조 및 제223조), (가)압류는 금전채권이나 금전으로 환산할 수 있는 채권에 관해 장래 그 집행을 보전하려는 목적으로 미리 채무자의 재산을 압류해서 채무자가 처분하지 못하도록 하는 것을 말한다(「민사집행법」 제276조). 경매 물건에 설정된 (가)압류는 말소기준권리로서 매수인의 매수로 인해 말소된다(「민사집행법」 제91조 제3항 및 제4항).

〈예시〉

등기 순위	권리	권리자	일자	권리 내용	권리의 말소 · 인수
1	저당권	갑	2007. 09. 15.	채권액 100,000,000	말소 (최선순위)
2	가압류	을	2008. 09. 15.	채권액 200,000,000	말소
3	임의경매	병	2009. 01. 16.		
4	매수인	정	2009. 03. 25.		

  이 경우 을의 (가)압류는 매수로 인해 말소된다. 따라서 매수인에게는 을의 (가)압류가 인수되지 않는다.

상가건물 권리분석

　지상권은 다른 사람의 토지에 건물, 그 밖의 공작물이나 수목을 소유하기 위해 그 토지를 사용할 수 있는 권리를 말하며(「민법」 제279조), 지역권은 통행 · 일조량 확보를 위한 건축 금지 등 일정한 목적을 위해 다른 사람의 토지를 자기 토지의 편익에 이용할 수 있는 권리를 말한다(「민법」 제291조).

　경매 물건에 설정된 지상권과 지역권은 매수인의 매수로 인해 말소될 수도, 매수인에게 인수될 수도 있다. 말소기준권리인 저당권 · (가)압류가 등기된 이후 설정된 지상권과 지역권은 소멸하는 반면, 이 등기보다 먼저 설정된 지상권과 지역권은 매수인에게 인수된다. 다만, 법정지상권이 있는 경우에는 설정 시기에 관계없이 무조건 매수인에게 인수되므로 주의해야 한다(「민사집행법」 제91조 제3항 및 제4항).

등기 순위	권리	권리자	일자	권리 내용	권리의 말소 · 인수
1	지상권	갑	2006. 02. 23.	10년(지료 무료)	인수
2	저당권	을	2006. 04. 02.	채권액 100,000,000	말소 (최선순위)
3	지역권	병	2007. 09. 15.	20년(지료 무료)	말소
4	가압류	정	2008. 09. 15.	채권액 150,000,000	말소
5	강제경매	을	2009. 01. 16.		

이 경우 을의 저당권은 매수로 인해 말소되고, 말소기준등기인 저당권 이후에 설정된 지역권 · (가)압류는 모두 말소되지만, 말소기준등기보다 선순위인 지상권은 말소되지 않는다. 따라서 매수인에게는 갑의 지상권이 인수된다.

▎ 전세권

전세권은 전세금을 지급하고 다른 사람의 부동산을 점유해서 그 부동산의 용도에 따라 사용 · 수익하며, 그 부동산 전부에 대해 후순위권리자 및 그 밖에 채권자보다 전세금을 우선변제 받을 수 있는 권리를 말한다(「민법」 제303조).

경매 물건에 설정된 전세권은 매수인의 매수로 인해 말소될 수도 있고 매수인에게 인수될 수도 있다. 말소기준권리인 저당권·(가)압류가 등기된 이후 설정된 전세권은 소멸하는 반면, 이 등기보다 먼저 설정된 전세권은 매수인에게 인수된다. 다만, 전세권자가 배당요구를 하는 경우에는 그 권리가 말소되어 매수인에게 인수되지 않는다(「민사집행법」 제91조 제3항 및 제4항).

〈예시〉

등기순위	권리	권리자	일자	권리 내용	권리의 말소·인수
1	전세권	갑	2006. 02. 23.	보증금 300,000,000 존속기간 2년	배당요구 있으면 말소 배당요구 없으면 인수
2	저당권	을	2006. 04. 02.	채권액 100,000,000	말소 (최선순위)
3	지역권	병	2007. 09. 15.	20년(지료 무료)	말소
4	가압류	정	2008. 09. 15.	채권액 150,000,000	말소
5	강제경매	을	2009. 01. 16.		

이 경우 을의 저당권은 매수로 인해 말소되고, 말소기준등기인 저당권 이후에 설정된 지역권·(가)압류는 모두 말소되지만, 말소기준등기보다 선순위인 전세권은 말소되지 않는다. 따라서 매수인에게는 갑의 전세권이 인수된다. 다만, 전세권자 갑이 배당요구를 하는 경우에는 전세권이 말소되므로 매수인에게 인수되는 권리는 없다.

▮ 등기된 임차권

임차권은 임차인이 임대차에 기인해 차임을 지급하고 임차목적물을 사용·수익할 수 있는 권리를 말한다(「민법」 제618조).

경매 물건에 등기된 임차권은 매수인의 매수로 인해 말소될 수도, 매수인에게 인수될 수도 있다. 말소기준권리인 저당권·(가)압류가 설정된 이후 등기된 임차권은 소멸하는 반면, 이보다 먼저 등기된 임차권은 매수인에게 인수된다(「민사집행법」 제91조 제3항 및 제4항).

〈예시〉

등기 순위	권리	권리자	일자	권리 내용	권리의 말소·인수
1	전세권	갑	2006. 02. 23.	보증금 300,000,000 존속기간 2년	배당요구 있으면 말소 배당요구 없으면 인수
2	저당권	을	2006. 04. 02.	채권액 100,000,000	말소 (최선순위)
3	지역권	병	2007. 09. 15.	20년(지료 무료)	말소
4	가압류	정	2008. 09. 15.	채권액 150,000,000	말소
5	강제 경매	을	2009. 01. 16.		

이 경우 을의 저당권은 매수로 인해 말소되고, 말소기준등기인 저당권 이후에 설정된 지역권·(가)압류는 모두 말소되지만, 말소기준등기보다 선순위인 등기된 임차권은 말소되지 않는다. 따라서 매수인에게는 갑의 임차권이 인수된다.

▮ 등기되지 않은 임차권

대항력과 우선변제권을 갖춘 임차권은 등기되지 않았다 하더라도 제3자에게 효력을 미친다. 이 임차권은 매수인의 매수로 인해 말소될 수도, 매수인에게 인수될 수도 있다.

대항력과 우선변제권을 갖춘 임차권은 그 임차인이 배당요구권을 행사해서 보증금을 전액 변제받으면 임차권이 소멸하는 반면, 이 외의 경우는 매수인에게 인수된다. 예를 들어, 대항력과 우선변제권을 갖춘 임차인이 배당요구를 하지 않거나, 배당요구를 했으나 그 배당금을 일부만 변제받은 경우에는 보증금이 전부 변제되지 않았으므로 그 임차권이 매수인에게 인수된다(「주택임대차보호법」 제3조의2 제2항, 제3조의5, 「상가건물 임대차보호법」 제5조 제2항 및 제8조). 다만, 「주택임대차보호법」 제3조에 정한 대항요건을 갖춘 임차인보다 선순위의 근저당권이 있는 경우에는 낙찰로 인해 선순위 근저당권이 소멸하면 그보다 후순위의 임차권도 대항력을 상실한다(대법원 2003. 4. 25. 선고 2002다70075 판결).

한편, 우선변제권을 갖추지 못하고 대항력만 갖춘 임차권은 매수인에게 인수된다. 즉, 대항요건만 갖춘 경우에는 배당요구권을 행사하기 위한 요건인 우선변제권이 없으므로, 배당요구를 통해서 보증금을 변제받을 수 없다. 따라서 이 경우 보증금이 변제되지 않았으므로 그 임차권은 매수인에게 인수된다(「민사집행법」 제88 조제1항, 「주택임대차보호법」 제3조의5, 「상가건물 임대차보호법」 제8조).

〈예시〉

등기 순위	권리	권리자	일자	권리 내용	권리의 말소·인수
1	임차권	갑	2007. 08. 20.	보증금 10,000,000 (등기되지 않음. 대항력과 우선변제권을 갖추었으나 배당신청을 하지 않음)	인수
2	가압류	을	2008. 01. 06.	채권액 10,000,000	말소 (최선순위)
3	지역권	병	2008. 03. 17.	10년(지료 무료)	말소
4	임의 경매	을	2009. 01. 06.		

이 경우 말소기준등기인 (가)압류 이후에 설정된 지역권은 말소되지만, 대항력과 우선변제권을 갖춘 임차권은 그 임차인인 甲이 같이 배당신청을 하지 않았으므로 말소되지 않는다. 따라서 매수인에게는 甲의 임차권이 인수된다.

상가건물 권리분석

| 가등기

가등기는 종국등기를 할 수 있을 만한 실체법적 또는 절차법적 요건을 구비하지 못한 경우나 권리의 설정·이전·변경·소멸의 청구권을 보전하기 위해 하는 등기(담보가등기)와 그 청구권이 시한부·조건부이거나 장래에 있어서 확정할 것인 때에 그 본등기를 위해 미리 그 순위를 보존하게 되는 효력을 가지는 등기(순위보전을 위한 가등기)를 말한다(「부동산등기법」 제88조 및 제91조).

경매 물건에 설정된 가등기담보는 매수인의 매수로 인해 말소된다(「가등기담보 등에 관한 법률」 제15조). 그러나 순위보전을 위한 가등기는 말소기준권리보다 먼저 설정된 경우에는 말소되지 않고 매수인에게 인수된다.

〈예시〉

등기 순위	권리	권리자	일자	권리 내용	권리의 말소·인수
1	소유권	갑	2006. 02. 23.	소유권등기	–
2	가등기	을	2006. 04. 02.	부동산 매매예약을 원인으로 함	인수
3	저당권	병	2007. 09. 15.	채권액 15,000,000	말소 (최선순위)
4	임의경매	병	2008. 09. 15.		
5	매수	정	2009. 01. 16.		
6	가등기에 기한 본등기	을	2009. 02. 24.	매매예약의 완료를 원인으로 함	

이 경우 丙의 저당권은 매수로 인해 말소되며, 말소기준등기인 저당권보다 먼저 설정된 가등기는 매수인에게 인수된다. 따라서, 가등기권자 乙이 매매예약을 원인으로 한 가등기(순위보전을 위한 가등기)에 기해 본등기를 마치고 소유권을 취득했다면 매수인은 매각대금을 지급했다 하더라도 乙에 대항할 수 없다. 이런 경우 매수인이 매각대금을 돌려받기 위해서는 배당받은 채권자 등을 상대로 부당이득반환청구를 해야 한다(「민법」 제741조).

▮ 가처분

가처분은 다툼의 대상이 그 현상이 바뀌면 당사자가 권리를 실행하지 못하거나 이를 실행하는 것이 매우 곤란한 염려가 있는 경우에 그 다툼의 대상에 대해 현상변경을 하지 못하도록 하거나, 다툼이 있는 권리관계에 대해 임시의 지위를 정하는 것을 말한다(「민사집행법」 제300조).

경매 물건에 설정된 가처분은 매수인의 매수로 인해 말소될 수도, 매수인에게 인수될 수도 있다. 말소기준권리보다 가처분이 먼저 설정된 경우에는 그 권리가 말소되지 않고 매수인에게 인수되는 반면, 말소기준권리 이후에 설정된 가처분은 소멸되어 매수인에게 인수되지 않는다. 다만, 토지소유자가 그 지상건물의 소유자에 대해 한 가처분(즉, 토지소유자가 건물소유자를 상대로 건물철거 또는 토지인도를 구하는 본안소송을 위해 해당 건물에 대해 한 처분금지가처분)

은 설정 시기에 관계없이 무조건 매수인에게 인수되므로 주의해야
할 것이다.

〈예시1〉

등기 순위	권리	권리자	일자	권리 내용	권리의 말소·인수
1	가처분	갑	2006. 02. 23.	처분금지를 위한 가처분	인수
2	근저당권	을	2006. 04. 02.	채권액 50,000,000	말소 (최선순위)
3	저당권	병	2007. 09. 15.	채권액 15,000,000	말소
4	임의경매	병	2008. 09. 15.		

이 경우 乙의 근저당권은 매수로 인해 말소되며, 말소기준등기인
근저당권보다 먼저 설정된 가처분은 매수인에게 인수된다.

〈예시2〉

등기 순위	권리	권리자	일자	권리 내용	권리의 말소 · 인수
1	가압류	갑	2006. 02. 23.	채권액 32,000,000	말소 (최선순위)
2	근저당권	을	2006. 04. 02.	채권액 50,000,000	말소
3	전세권	병	2007. 09. 15.	보증금 100,000,000 존속기간 3년	말소
4	가처분	정	2007. 09. 15.	건물철거소송을 위한 처분금지가처분	인수
5	임의경매	을	2008. 09. 15.		
6	매수인	무	2009. 01. 10.		
7	본안소송 승소	정	2009. 03. 07.		

이 경우 甲의 가압류는 매수로 인해 말소되며, 말소기준등기인 가압류 이후에 설정된 가처분, 전세권은 모두 소멸된다. 그러나 丁의 가처분은 건물철거소송이라는 본안소송을 위해서 건물에 관해한 처분금지가처분이므로 소멸되지 않고 매수인에게 인수된다. 따라서, 가처분권자 丁이 본안소송인 건물철거소송에서 승소했다면 매수인은 매각대금을 지급했다 하더라도 丁에게 대항할 수 없다. 이런 경우 매수인이 매각대금을 돌려받기 위해서는 배당받은 채권자 등을 상대로 부당이득반환청구를 해야 한다(「민법」 제741조).

상가건물 권리분석

| 유치권

유치권은 다른 사람의 물건 또는 유가증권을 점유한 사람이 그 물건이나 유가증권에 관해 생긴 채권이 변제기에 있는 경우에 그 변제를 받을 때까지 해당 물건 또는 유가증권을 점유할 권리를 말한다(「민법」 제320조 제1항).

경매 물건에 설정된 유치권은 등기 순위에 관계없이 매수인에게 인수된다(「민사집행법」 제91조 제5항).

〈예시〉

등기 순위	권리	권리자	일자	권리 내용	권리의 말소·인수
1	전세권	갑	2006. 02. 23.	보증금 200,000,000 (배당요구)	말소 (최선순위)
2	저당권	을	2006. 04. 02.	채권액 100,000,000	말소
	유치권	병	2007. 09. 15.	채권액 50,000,000	인수
3	가압류	정	2008. 09. 15.	채권액 150,000,000	말소

이 경우 乙의 저당권은 매수로 인해 말소되고, 말소기준등기인 저당권 이후에 설정된 가압류는 말소되며, 선순위인 전세권은 전세권자 甲의 배당요구로 인해 말소된다. 그러나 유치권은 등기 순위에 관계없이 말소되지 않는다. 따라서 매수인에게는 丙의 유치권이 인수된다.

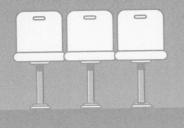

임대인이
보증금을
돌려주지
않아요

계약이 끝났는데
보증금을 돌려주지 않아요

Q. 임대차만료일이 지났음에도 임대인은 보증금을 주지 않고 있는데 어떻게 해야 할까?

상가 임대차계약에서 임대차기간만료일이 지났음에도 임대인이 보증금을 반환하지 않을 경우에는 임차인은 임대차보증금반환청구소송 등의 법적 구제 절차를 거쳐야 할 것이다. 만일 임대차계약 지역에 따라 환산보증금이 일정 금액 이하일 때 임차인은 법원에 임차권등기명령을 신청함으로써, 해당 점포를 비우더라도 대항력과 우선변제권을 상실하지 않는다.

실무에서 임대차계약 만료일이 지났지만, 임대인이 보증금을 반환하지 않을 때, 임차인은 임차물을 점유하고 있더라도 사용 · 수익하지 않으면 원칙적으로 임대료 부담 의무는 없다. 또한, 임차권등기명령은 임대기간이 만료된 후에 가능하게 되고, 임차권등기명령을 신청한 후 법원의 처리 기간이 있으므로 그 기간 동안은 부동산 점유를 이탈하지 말고 대항력을 유지하고 있어야 한다.

임대차 종료 후 동시이행항변권을 근거로 임차목적물을 계속 점유하고 있는 경우, 보증금반환채권에 대한 소멸시효가 진행하는지 여부
[대법원 2020. 7. 9., 선고, 2016다244224, 244231]

【판결요지】

「주택임대차보호법」제4조 제2항은 "임대차기간이 끝난 경우에도 임차인이 보증금을 반환받을 때까지는 임대차관계가 존속되는 것으로 본다."라고 정하고 있다(2008. 3. 21. 법률 제8923호로 개정되면서 표현이 바뀌었을 뿐 그 내용은 개정 전과 같다). 2001. 12. 29. 법률 제6542호로 제정된 「상가건물 임대차보호법」도 같은 내용의 규정을 두고 있다(제9조 제2항). 이는 임대차기간이 끝난 후에도 임차인이 보증금을 반환받을 때까지는 임차인의 목적물에 대한 점유를 임대차기간이 끝나기 전과 마찬가지 정도로 강하게 보호함으로써 임차인의 보증금반환채권을 실질적으로 보장하기 위한 것이다. 따라서 임대차기간이 끝난 후 보증금을 반환받지 못한 임차인이 목적물을 점유하는 동안 위 규정에 따라 법정임대차관계가 유지되고 있는데도 임차인의 보증금반환채권은 그대로 시효가 진행하여 소멸할 수 있다고 한다면, 이는 위 규정의 입법 취지를 훼손하는 결과를 가

져오게 되어 부당하다.

　위와 같은 소멸시효 제도의 존재 이유와 취지, 임대차기간이 끝난 후 보증금반환채권에 관계되는 당사자 사이의 이익형량, 「주택임대차보호법」 제4조 제2항의 입법 취지 등을 종합하면, 「주택임대차보호법」에 따른 임대차에서 그 기간이 끝난 후 임차인이 보증금을 반환받기 위해 목적물을 점유하고 있는 경우 보증금반환채권에 대한 소멸시효는 진행하지 않는다고 보아야 한다.

임대인이
보증금을 돌려주지 않는데
이사를 가야 하면

Q. '甲'은 '대동정밀'이라는 상호로 '乙' 소유 건물 중 일부를 임차하여 사업을 운영하던 중 '乙'이 지속적으로 월차임을 인상하여 달라고 할 뿐만 아니라, 전기와 용수 공급이 원활치 않아 다른 사업장을 알아보던 중 수도권 인근 적당한 부지를 알아보고, 이전을 추진 중이었다. 그런데, 계약기간만료 시점이 다가오자 '甲'은 '乙'에게 임대차계약의 존속을 원치 않아 해지를 하겠다고 하였는데, '乙'은 새로운 임차인이 올 때까지는 어쩔 수 없다는 답변뿐이었다. '甲'은 대출을 받아서라도 이전을 원했다, 이 경우 '乙'로부터 나중에라도 보증금을 안전하게 확보하고 새로운 부지로 이전할 수 있는 방법이 있을까?

임차건물의 소재지를 담당하는 법원에 '임차권등기명령'을 신청하여 등기부에 등재되면 그 이후에는 발생한 대항력과 우선변제력이 상실되지 않고 그대로 유지되어, 새로운 사업장으로 이전하여 새로운 사업자등록 및 확정일자를 받아 사업을 영위할 수 있다.

묵시적 갱신을 이유로
임대인이 임대보증금을
돌려주지 않으면

Q. 계약이 묵시적으로 갱신되었고, 임차인은 사정이 있어 임대인에게 3개월 전에 계약해지를 통지하였는데 임대인은 기존 계약기간과 동일하게 자동갱신되었다고 보증금을 돌려주지 않고 있을 때?

묵시적 갱신 상태 임차인의 계약해지요구 시 통고 후 3개월이 지나면 임대인은 보증금을 반환하여야 하고, 임차인은 임대차건물을 명도해 주어야 한다.

하지만 묵시적 갱신을 이유로 임대인이 임대보증금을 돌려주지 않을 때 임차인은 임차권등기명령을 신청한 뒤에 임대인을 상대로 보증금반환청구의 소를 제기하여 판결문을 얻어 강제집행을 신청할 수 있다.

임대인이 보증금을 돌려주지 않아요

임차권등기명령제도

┃ 임차권등기명령제도

'임차권등기명령제도'란 상가건물을 인도받고 사업자등록을 해야 대항력을 가지게 되고 이를 유지해야 대항력이 존속하는데, 임차인이 임대차계약기간이 만료된 후 보증금을 돌려받지 못하고 이사를 하게 되면 종전에 취득하였던 대항력 및 우선변제권이 상실되어 보증금을 돌려받기 어려워지게 되는 문제를 해결하기 위해 임차인에게 대항력 및 우선변제권을 유지하게 하면서 임차상가건물에서 자유롭게 이사할 수 있게 하는 제도이다.

┃ 임차권등기명령의 신청

임대차등기명령은 ① 임대차가 종료된 후 ② 보증금이 반환되지 않으면 임차인만이 이를 신청할 수 있다(「상가건물 임대차보호법」 제6조 제1항).

임차인은 임대차가 종료되어야 임차권등기명령을 신청할 수 있다. 즉, 계약기간의 만료로 임대차가 종료된 경우는 물론, 해지통지에 따라 임대차가 종료되거나 합의 해지된 경우에도 임차권등기명령을 신청할 수 있다.

- 기간의 약정이 없는 임대차의 해지통지는 임대인이 해지통지 한 날부터 6개월, 임차인이 해지통지 한 날부터 1개월이 지난 경우(「민법」 제635조 제2항 제1호)
- 기간의 약정은 있지만, 임대인이 임차인의 반대에도 임차상가건물에 대한 보존행위를 하여 임차인이 임차의 목적을 달성할 수 없어 해지통지를 하고 그 통고가 임대인에게 도달한 경우(「민법」 제625조)
- 임차상가건물의 일부가 임차인의 과실 없이 멸실 그 밖의 사유로 사용·수익할 수 없게 되고, 그 잔존 부분으로는 임대차의 목적을 달성할 수 없어 임차인이 해지통지를 하고, 그 통고가 임대인에게 도달한 경우(「민법」 제627조)
- 묵시의 갱신이 이루어져 존속기간의 정함이 없는 것으로 간주되는 경우 임차인이 해지통지를 하고, 그 통고가 된 날부터 3개월이 경과한 경우(「상가건물 임대차보호법」 제10조 제5항)

임대차보증금을 돌려받지 못한 경우란, 임대차보증금의 전액을 돌려받지 못한 경우는 물론, 일부라도 돌려받지 못한 경우도 포함된다(「임차권등기명령 절차에 관한 규칙」 제2조 제1항 제5호).

임차상가건물은 원칙적으로 등기된 경우에만 임차권등기명령을 신청할 수 있다. 따라서 임차상가건물이 무허가 건물인 경우에는 임차권등기명령을 신청할 수 없다. 다만, 임차상가건물에 대해 사용승인을 받고 건축물관리대장이 작성되어 있어 즉시 임대인 명의로 소유권보존등기가 가능한 경우에는, 임대인을 대위하여 소유권보존등기를 마친 다음 임차권등기를 할 수 있으므로, 예외적으로 임차권등기명령을 신청할 수 있다. 이 경우에는 임대인 명의로 소유권보존등기를 할 수 있음을 증명하는 서면을 첨부해야 한다(「임차권등기명령 절차에 관한 규칙」 제3조 제2호).

상가건물 일부분을 임차하는 경우에도 임차권등기명령을 신청할 수 있다. 이 경우에는 임대차의 목적인 부분을 표시한 도면을 첨부해야 한다(「상가건물 임대차보호법」 제6조 제2항 제2호 및 「임차권등기명령 절차에 관한 규칙」 제2조 제1항 제4호).

임차목적물 일부를 영업용으로 사용하지 않을 때는 임대차계약 체결 시부터 임차권등기명령신청 당시까지 그 주된 부분을 영업용으로 사용하고 있음을 증명하는 서류를 첨부해야 한다(「임차권등기명령 절차에 관한 규칙」 제3조 제5호).

신청권자

임대차 종료 후 임대차보증금이 반환되지 않으면 임차인은 임대인을 상대로 임차권등기명령을 신청할 수 있다(「상가건물 임대차보호법」 제6조 제1항). 우선변제권을 승계한 금융기관 등은 임차인을 대위하여 임차권등기명령을 신청할 수 있다(「상가건물 임대차보호법」 제6조 제9항).

▎ 관할법원

임차상가건물의 소재지를 담당하는 지방법원 · 지방법원지원 또는 시 · 군 법원이 임차권등기명령신청사건을 관할한다(「상가건물 임대차보호법」 제6조 제1항).

▎ 임차권등기명령신청서의 기재사항

임차권등기명령신청서에는 아래의 사항을 기재하고 임차인 또는 대리인이 기명날인 또는 서명해야 한다(「상가건물 임대차보호법」 제6조 제2항 및 「임차권등기명령 절차에 관한 규칙」 제2조 제1항).
- ➡ 사건의 표시
- ➡ 임차인과 임대인의 성명, 주소, 임차인의 주민등록번호(임차인이나 임대인이 법인 또는 법인 아닌 단체인 경우에는 법인명 또는 단체명, 대표자, 법인등록번호, 본점 · 사업장소재지)
- ➡ 대리인이 신청할 때는 그 성명과 주소
- ➡ 임대차의 목적인 건물의 표시(임대차의 목적이 건물의 일부인 경우에는 그 목적인 부분을 표시한 도면을 첨부한다)

　　　　　　　임대인이 보증금을 돌려주지 않아요

➡ 반환받지 못한 임대차보증금액 및 차임(등기하지 않은 전세계약의 경우에는 전세금)

➡ 신청의 취지와 이유로 신청이유에는, 임대차계약의 체결사실 및 계약 내용과 그 계약이 종료한 원인 사실을 기재하고, 임차인이 신청 당시 대항력을 취득한 경우에는 임차상가건물을 점유하기 시작한 날과 사업자등록을 신청한 날을, 우선변제권을 취득한 경우에는 임차상가건물을 점유하기 시작한 날, 사업자등록을 신청한 날과 임대차계약서상의 확정일자를 받은 날을 기재한다(「임차권등기명령 절차에 관한 규칙」 제2조 제2항).

➡ 첨부서류의 표시

➡ 연월일

➡ 법원의 표시

┃ 임차권등기명령신청서 제출 시 첨부서류

➡ 임대인 소유로 등기된 건물의 등기사항증명서

➡ 임대인의 소유가 아닌 상가건물 또는 건물은 즉시 임대인의 명의로 소유권보존등기를 할 수 있음을 증명하는 서면(예를 들면, 건축물대장)

➡ 임대차계약서

➡ 신청 당시 대항력을 취득한 임차인은 임차상가건물을 점유하기 시작한 날과 사업자등록을 신청한 날을 소명하는 서류

➡ 신청 당시 우선변제권을 취득한 임차인은 임차상가건물을 점

유하기 시작한 날과 사업자등록을 신청한 날을 소명하는 서류 및 관할 세무서장의 확정일자가 찍혀 있는 임대차계약서

➡ 임대차목적물의 일부를 영업용으로 사용하지 않을 때는 임대차계약 체결 시부터 현재까지 그 주된 부분을 영업용으로 사용하고 있음을 증명하는 서류

▎ 임차권등기명령신청에 대한 재판

관할법원은 임차권등기명령신청의 신청에 대한 재판을 변론 없이 할 수 있고, 임차권등기명령에 대한 재판은 결정으로 임차권등기명령을 발하거나 기각한다(「상가건물 임대차보호법」 제6조 제3항, 「민사집행법」 제280조 제1항, 제281조 제1항).

임차권등기명령은 판결에 의한 때에는 선고를 한 때, 결정에 의한 때에는 상당한 방법으로 임대인에게 고지한 때에 그 효력이 발생한다(「임차권등기명령 절차에 관한 규칙」 제4조). 임대인의 임차보증금반환의무가 임차인의 임차권등기말소의무보다 먼저 이행되어야 한다. 임차인은 임차권등기명령신청을 기각하는 결정에 대해 항고할 수 있다(「상가건물 임대차보호법」 제6조 제4항). 이 항고는, 제기 기간에 제한이 없는 통상 항고로서 항고의 이익이 있는 한 보증금을 전부 돌려받을 때까지 언제든지 제기할 수 있다(「임차권등기명령 절차에 관한 규칙」 제8조).

임대인이 보증금을 돌려주지 않아요

▌임차권등기명령의 효과

임차인이 임차권등기명령 이전에 이미 대항력이나 우선변제권을 취득한 경우에, 그 대항력이나 우선변제권은 그대로 유지되며, 임차권등기 이후에 대항요건을 상실하더라도 이미 취득한 대항력이나 우선변제권을 상실하지 않는다(「상가건물 임대차보호법」 제6조 제5항 단서). 따라서, 임차인이 임차권등기 이후에 이사를 가더라도 여전히 종전의 임차상가건물에 대한 대항력과 우선변제권은 유지되므로 보증금을 우선하여 변제받을 수 있다. 임차인이 임차권등기명령 이전에 대항력이나 우선변제권을 취득하지 못한 경우에, 임차권등기가 마쳐지면 대항력과 우선변제권을 취득하게 된다(「상가건물 임대차보호법」 제6조 제5항 본문). 다만, 임차권등기를 마치면, 그 등기 시점을 기준으로 대항력과 우선변제권의 취득 여부를 판단하기 때문에 임차권등기 이전에 임차상가건물에 대한 저당권 등의 담보권이 설정된 경우에는 담보권실행을 위한 경매절차에서 매각허가를 받은 매수인에게 대항하거나 그 담보권보다 우선하여 배당을 받을 수는 없게 된다.

임차권등기가 끝난 상가건물을 그 이후에 임차한 임차인은 소액보증금의 우선변제를 받을 수 없게 된다(「상가건물 임대차보호법」 제6조 제6항). 이것은, 임차권등기 후의 소액임차인에 의한 최우선변제권의 행사로 임차권등기를 한 임차인이 입을지 모르는 예상하지 못한 손해를 방지하기 위한 취지이다.

┃ 임차권등기의 말소

　임차권등기의 말소는 임차상가건물의 소재지를 담당하는 지방법원·지방법원지원 또는 시·군 법원의 임차권등기 담당자에게 임차권등기명령 취소 및 (집행)해제 신청서 등 관련 서류를 접수하면, 법원에서 해당 등기소에 그 임차권등기말소를 촉탁하여 말소가 된다.

지급명령신청

▎지급명령이란

　지급명령이란, 금전 그 밖의 대체물(代替物) 또는 유가증권의 일정 수량의 지급을 목적으로 하는 청구에 관하여 채권자의 일방적 신청이 있으면 채무자를 신문하지 않고 채무자에게 그 지급을 명하는 재판을 말한다(「민사소송법」 제462조). 이와 같은 지급명령은 채권자가 법정에 나가지 않고도 적은 소송비용으로 신속하게 민사분쟁을 해결할 수 있는 장점이 있는 제도이나, 상대방이 지급명령에 대해 이의신청을 하면 결국 통상의 소송절차로 이행되는 잠정적인 분쟁의 해결절차인 것이다. 따라서 임차인이 보증금반환의무가 있다는 사실을 인정하고, 임차인의 채권의 존재 자체를 다투지 않을 것으로 예상되는 경우에는 지급명령 절차를 이용하는 것이 편리하다.

┃ 지급명령의 신청방법

지급명령을 신청하려는 임차인은 임대인의 주소지를 담당하는 법원에 가서 다음의 사항을 기재한 지급명령신청서를 작성하여 제출해야 한다(「민사소송법」 제463조, 제464조 및 제468조).

➡ 임대인과 임차인의 성명
➡ 지급명령 정본을 송달하는 데 필요한 주소 및 연락처
➡ 청구금액
➡ 그 금액을 청구할 수 있는 취지 및 원인

┃ 지급명령의 심리

지급명령의 신청을 받은 법원은 임대인을 심문하지 않고, 임차인이 제출한 서류 등을 참고하여 서면심리를 하여 지급명령을 결정한다(「민사소송법」 제467조).

지급명령 결정에 따라 임대인에게 지급명령 정본을 송달하게 된다(「민사소송법」 제469조 제1항).

임차인이 지급명령신청서에 기재한 임대인의 주소가 실제로는 임대인이 거주하지 않아 지급명령 정본이 송달될 수 없는 경우, 법원은 임차인에게 일정 보정기간 내에 송달할 수 있는 임대인의 주소를 보정하도록 하거나 주소의 보정이 어려울 경우에는 소제기신청을 할 수 있다(「민사소송법」 제466조 제1항). 이 경우 임차인이 주

임대인이 보증금을 돌려주지 않아요

소를 보정하면 보정한 주소로 지급명령 정본이 다시 송달되고, 보정기한 내에 임차인이 주소를 보정하지 않은 채 보정기한이 지난 경우에는 지급명령신청이 각하된다.

ㅣ 지급명령에 대한 이의신청

임대인이 지급명령을 송달받은 날부터 2주 이내에 이의신청을 한 때에는 지급명령은 그 범위 안에서 효력을 잃게 된다(「민사소송법」제470조 제1항). 임대인이 지급명령 정본을 송달받고도 2주일 이내에 이의신청을 하지 않은 채 그 기간이 지나면 지급명령은 확정되고, 임차인은 확정된 지급명령에 기한 강제집행을 신청할 수 있다.

임대인이 이의신청을 하였으나, 그 이의신청이 부적법하다고 결정되는 경우에는 법원은 이의신청을 각하한다. 이 경우 임대인은 각하결정에 대해 즉시 항고할 수 있다(「민사소송법」제471조). 임대인의 이의신청이 적법한 경우에는 이의신청에 따라 그 지급명령은 효력은 상실되고, 지급명령을 신청한 때에 이의신청 된 청구목적의 값에 관하여 소가 제기된 것으로 본다(「민사소송법」제472조 제2항).

ㅣ 소송절차로의 이행

임대인이 적법한 이의신청을 하거나 임차인이 소제기신청을 한 경우 또는 법원이 직권으로 소송절차에 부치는 결정을 한 경우에는 지급명령을 신청한 때에 소가 제기된 것으로 처리된다(「민사소송법」 제472조 제1항). 이 경우 임차인은 지급명령신청서에 붙인 수수료를 공제한 소장의 인지액을 추가 납부해야 한다. 임차인이 기간 내에 추가 인지액을 납부하지 않을 때는 지급명령신청서를 각하결정 하며, 이 결정에 대해서는 즉시 항고할 수 있다(「민사소송법」 제473조 제1항 및 제2항).

| 지급명령의 효력

지급명령에 대하여 임대인의 이의신청이 없거나, 이의신청을 취하하거나, 부적법한 이의신청의 각하결정이 확정된 경우에는 지급명령은 확정판결과 같은 효력이 생긴다(「민사소송법」 제474조).

| 지급명령 절차의 장점

첫째, 지급명령 절차에서는 법원이 분쟁당사자를 심문함이 없이 서류만을 심사하고 지급명령을 발령하므로 채권자는 통상의 소송 절차처럼 법원의 법정에 출석할 필요가 없고, 그 결과 법정에 출석하는 데에 따른 시간과 노력을 절약할 수 있다. 둘째, 지급명령 절차는 채무자가 주로 대여금, 물품대금, 임대료 등 금전 지급 채무를 변제하지 않는 경우에, 채권자의 지급명령신청에 의하여 이루어지는 약식의 분쟁 해결절차이다. 지급명령이 이의신청 없이 확정되면 채권자는 확정된 지급명령에 기하여 강제집행을 신청하여 신속하

임대인이 보증금을 돌려주지 않아요

게 자신의 채권을 만족받을 수 있으므로 신속한 분쟁 해결이 가능하다. 셋째, 채권자는 지급명령을 신청할 때에 소송의 10분의 1에 해당하는 수수료와 당사자 1인당 6회분의 송달료만 납부하면 되므로, 소송절차에 비하여 소요되는 각종 비용이 저렴하다. 넷째, 지급명령이 확정되면 확정판결과 동일한 효력이 있다. 또한, 지급명령이 확정될 때에는 원칙적으로 별도의 집행문 부여 없이 강제집행할 수 있도록 강제집행상의 특례를 규정하고 있다.

소송

▎ 소송의 준비

'소송'이라 함은 법원이 사회에서 일어나는 이해의 충돌을 공정하게 처리하기 위하여 대립하는 이해관계인을 당사자로 관여시켜 심판하는 절차를 말한다. 하나의 사건에 대하여 3번까지 심판을 받을 수 있는 심급제도가 3심제도이다. 1심 판결에 불복하는 경우 다시 판결을 내려 줄 것을 신청(항소)할 수 있으며, 2심 판결에 불복하는 경우 다시 판결을 신청(상고)할 수 있는 것을 말한다. 다만, 모든 사건을 3심으로 하여야 하는 것은 아니다.

소송은 소의 제기에 의하여 개시된다. 소장을 법원에 제출하면, 피고에게 소장부본이 송달된다. 피고에게 소장이 송달된 경우에는, 답변서 제출기한이 만료된 직후 재판장이 사건기록을 검토하여 처리 방향을 결정하게 되는데 그때까지 답변서가 제출되었는지에 따라 절차 진행은 전혀 다른 궤도를 따라가게 된다.

먼저, 기한 내에 답변서가 제출되지 않았거나 자백 취지의 답변서가 제출된 경우에는 일단 무변론판결 대상 사건으로 분류된다. 다음으로 피고가 기한 내에 부인하는 취지의 답변서를 제출하여 원고청구를 다툴 때는, 재판장은 바로 기록을 검토하고 사건을 분류하여 심리 방향을 결정한다. 원칙적으로 재판장은 가능한 최단기간 안의 날로 제1회 변론기일을 지정하여 양쪽 당사자가 법관을 조기에 대면할 수 있도록 한다. 제1회 변론기일은 쌍방 당사자 본인이 법관 앞에서 사건의 쟁점을 확인하고 상호 반박하는 기회를 얻음으로써 구술주의의 정신을 구현하는 절차이다. 이를 통하여 양쪽 당사자 본인의 주장과 호소를 할 만큼 하게 하고, 재판부도 공개된 법정에서의 구술심리 과정을 통하여 투명하게 심증을 형성함으로써, 재판에 대한 신뢰와 만족도를 높이는 방향으로 운영하고자 하는 것이다. 이처럼 제1회 변론기일을 통하여 양쪽 당사자가 서로 다투는 점이 무엇인지 미리 분명하게 밝혀지면, 그 이후의 증거신청과 조사는 그와 같이 확인된 쟁점에 한정하여 집중적으로 이루어질 수 있게 된다.

한편, 재판장은 사건분류의 단계 또는 제1회 변론기일 이후의 단계에서, 당해 사건을 준비절차에 회부할 수 있다. 이는 양쪽 당사자의 주장 내용이나 증거관계가 매우 복잡하여, 별도의 준비절차를 통하여 주장과 증거를 정리하고 앞으로의 심리계획을 수립하는 것이 필요하다고 판단하는 경우에 이루어진다. 준비절차는 양쪽 당사자가 서로 준비서면을 주고받거나(서면에 의한 준비절차), 법원에서 만나 주장과 증거를 정리하는 방법(준비기일에 의한 준비절차)으로 진행된다. 앞서 본 변론기일 등의 절차가 진행되는 과정에서 쌍방 당사자는 준비서면에 의한 주장의 제출과 더불어 그 주장을 뒷받침하는 증거신청 및 증거의 현출을 모두 마쳐야 한다. 따라서 관련 서증은 원칙적으로 준비서면에 첨부하여 제출하여야 하고, 문서송부촉탁, 사실조회, 검증·감정신청과 그 촉탁은 물론 증인신청까지도 모두 이 단계에서 마치는 것을 원칙으로 한다.

증거조사기일에는 원칙적으로 사건에 관련된 쌍방의 증인 및 당사자신문 대상자 전원을 한꺼번에 집중적으로 신문하고, 신문을 마친 사건은 그로부터 단기간 내에 판결을 선고하는 구조로 운영한다. 그리고 당사자 쌍방이 다투는 사건에 대해서는 위와 같은 절차 진행의 과정 중 어느 단계에서든 화해권고결정이나 조정제도를 활용하여 분쟁의 화해적 해결을 시도하는 것을 지향한다.

소송은 크게 민사소송, 형사소송의 유형으로 구분된다. 각기 다른 대상원리 및 절차에 의해 분쟁 해결 수단으로서의 역할을 담당하고 있다.

임대인이 보증금을 돌려주지 않아요

약정금	여러 가지 원인을 근거로 하여 일정한 금원을 지급하기로 약정한 경우 이 금전을 약정금이라 한다. 채무자가 약정금 지급을 이행하지 않으면 채권자가 약정금을 받기 위해 채무자를 상대로 법원에 제기하는 소를 '약정금청구의 소'라 한다.
임대차 보증금	임대차계약에서 임차인의 채무불이행(임차료 지급의 이행지체·불능 등) 등으로 인한 위험을 담보하기 위해서 임차인 또는 제3자가 임대인에게 교부하는 금전을 임대차보증금이라 한다. 임대차계약이 종료되었으나 임대인이 임차보증금을 반환하지 않는 경우 임차인이 임차보증금을 반환받기 위해 임대인을 상대로 법원에 제기하는 소를 '임대차보증금청구의 소'라 한다.
매매대금	당사자 일방이 재산권을 이전하고 상대방은 그 대가로서 금전을 지급하기로 약정한 경우 그 금전을 매매대금이라 한다. 매매계약이 체결되었음에도 매매대금을 지급하지 않는 경우 매도인이 매매대금을 지급받기 위하여 매수인을 상대로 법원에 제기하는 소를 '매매대금청구의 소'라 한다.
손해배상 (자)	자동차 사고로 인하여 피해를 입은 자가 그 가해자 혹은 가해자의 보험자를 상대로 자신이 입은 손해를 배상해 달라고 청구하는 것을 손해배상(자)이라고 할 수 있다. 피해자가 자신이 사고로 입은 손해를 배상받기 위하여 가해자 혹은 가해자의 보험자를 상대로 법원에 제기하는 소를 '손해배상(자)청구의 소'라 한다.
건물명도	건물의 소유자 등 법률적으로 권한 있는 자가 자신의 부동산을 불법적으로 점유하고 있는 자에게 점유를 풀고 그 부동산의 점유를 넘겨 달라고 요구하는 것을 건물명도라고 한다. 불법점유자가 자신의 부동산을 계속 점유하면서 넘겨 주지 않을 경우, 그 불법점유자를 상대로 명도를 구하기 위해 법원에 제기하는 소를 '건물명도청구의 소'라 한다.

▎ 관할법원

소장을 작성하여 법원에 제출하려면 국내에 있는 여러 곳의 법원 중 그 사건과 관련된 법원에 제출해야 되는데, 일반적으로 이것을 관할이라고 한다. 즉, 그 사건에 대하여 재판권을 행사할 수 있는 법원을 관할법원이라고 한다. 일반적으로 관할법원은 피고의 주소 지에서 대부분 가능하다.

소장을 제출할 때에는 어느 법원에 제출하여야 하는지를 먼저 확 인하여 해당 관할법원에 제출하여야 한다. 관할법원에 제출하지 않 으면 법원의 직권에 의하여 이송 결정이 되며, 그로 인하여 소송이 지연될 수 있기 때문이다.

▎ 증거준비의 중요성

소송은 주장과 입증에 의하여 결과가 결정되므로 주장만 있고 입 증이 없으면 소송의 목적을 달성할 수 없으므로 증거의 확보가 중 요하다. 소송을 고려 중에 있다면 증거를 준비하는 방법은 다음의 표와 같다.

증거의 구분		내용
서 증	계약서 등	서증이란 서류의 내용이 증거가 되는 방법으로 가장 확실한 증거가 될 수 있다. 계약서, 각서, 영수증, 등기사항전부증명서 등과 같은 것이 서증으로, 그 내용이 증거가 된다. 하지만, 이러한 서증을 본인이 아닌 제출할 의무가 있는 상대방이 보관하고 있고, 상대방이 그 서증을 쉽게 제출하지 않는다면 법원의 '문서제출명령신청'으로 확보할 수 있다. 또한, 제출의무가 없는 공공기관이나 제3자에 대해서는 문서의 임의제출을 구하는 '문서송부촉탁신청'을 하여 문서를 확보할 수도 있다.
	내용 증명, 녹취 등	내용증명은 서증의 하나이지만 본인이 보내는 문서의 내용 및 발송 시기를 우체국에서 공적으로 증명해 주는 제도이다. 내용증명을 발송하였다고 하여 법적 효력이 발생되는 것은 아니지만 일정한 법률적인 의사표시가 있었음을 증명하므로 분쟁 발생 시 중요한 증거가 된다. ※ 실무에서 내용증명을 발송할 경우 3통을 작성하여 1통은 상대방에게 발송하고, 1통은 우체국에서 보관하며, 1통은 본인이 보관하여야 한다. 상대방과의 대화내용을 녹음한 후 녹음한 내용을 다시 문서로 녹취한 녹취서는 발언한 사람, 녹취한 사람, 녹취일시·장소 등의 사항을 명시해야 한다.
증인 등		법정에서 사건에 관하여 알고 있는 내용을 증언하는 사람을 증인이라고 한다. 서증과 함께 중요한 증거가 될 수 있다. 또한, 경우에 따라 현황에 대한 검증·감정을 신청할 수 있고, 공공기관, 개인 등에게 사실조회신청을 할 수도 있으므로 이를 대비하여야 할 것이다.

임대차기간이 만료되었는데도 임대인이 보증금을 반환하지 않는 경우, 임차인은 임차상가건물에 대해 보증금반환청구소송의 확정판결이나 그 밖에 이에 준하는 집행권원에 기한 경매를 신청하여 보증금을 회수할 수 있다(「상가건물 임대차보호법」 제5조 제1항). '집행권원'이란, 국가의 강제력에 의해 실현될 청구권의 존재와 범위를 표시하고 집행력이 부여된 공정증서를 말하는 것으로서, 확정판결에 준하는 효력이 있는 집행권원에는 화해조서, 조정조서, 확정된 조정에 갈음하는 결정, 화해권고결정, 집행증서, 확정된 지급명령 그 밖에 판결과 같은 효력이 있는 일체의 집행권원을 포함한다.

보증금반환청구소송

| 보증금반환청구의 소

임대차기간이 만료되었는데도 임대인이 보증금을 반환하지 않는 경우 임차인은 임차상가건물에 대해 보증금반환청구소송의 확정판결에 기한 경매를 신청하여 보증금을 회수할 수 있다(「상가건물 임대차보호법」 제5조 제1항).

실무에서 지급명령 등 재판 외의 간이절차에서 보증금을 돌려받지 못하는 경우에는 최후의 수단으로 소송을 통해 보증금을 돌려받을 수밖에 없다. 임차인은 임대인 또는 본인의 주소지를 담당하는 법원에 임차상가건물에 대한 보증금반환청구의 소를 제기할 수 있다. 이 경우 임대인과 임차인이 합의로 관할법원을 정할 수 있으므로 합의로 정한 법원에 소장을 제출할 수도 있다(「민사소송법」 제29조).

일반 민사소송은 제1회 변론기일까지 상당한 기간이 지나야 하고, 증거조사도 엄격하게 진행되어 소제기 후 판결에 이르기까지 상당한 시간이 필요하게 된다. 그런데, 임차상가건물에 대한 보증금반환청구소송에서는 보증금이 3천만 원을 초과하는 경우에도 「소액사건심판법」에 따라 소송절차를 신속하게 진행할 수 있다(「상가건물 임대차보호법」 제18조, 「소액사건심판법」 제6조, 제7조, 제10조 및 제11조의2).

① 소장의 송달

임차인이 보증금반환청구의 소장을 법원에 접수하면, 법원은 지체 없이 소장부본을 임대인에게 송달한다(「소액사건심판법」 제6조).

② 기일의 지정

판사는 보증금반환청구의 소가 제기되면 바로 변론기일을 정하여, 되도록 제1회의 변론기일로 심리를 종결한다. 이를 위해 판사는 변론기일 전이라도 당사자에게 증거신청을 하게 하는 등의 필요한 조치를 취할 수 있다(「소액사건심판법」 제7조).

③ 증거조사에 관한 특칙

판사는 필요한 때에는 직권으로 증거조사를 할 수 있으나, 그 증거조사의 결과에 관하여는 당사자의 의견을 들어야 한다(「소액사건심판법」 제10조 제1항).

판사가 증인을 신문하지만, 임차인과 임대인도 판사에게 알린 후에는 증인신문을 할 수 있다(「소액사건심판법」 제10조 제2항).

판사가 상당하다고 인정하는 때에는 증인신문 없이 증언할 내용을 기재한 서면을 제출하게 할 수 있다(「소액사건심판법」 제10조 제3항 및 「소액사건심판규칙」 제6조).

④ 판결에 관한 특례

판결의 선고는 변론종결 후 즉시 할 수 있으며, 이 경우 주문을 낭독하고 주문이 정당함을 인정할 수 있는 범위 안에서 그 이유의 요지를 구술로 설명해야 하며, 판결서에는 이유가 기재되지 않을 수 있다(「소액사건심판법」 제11조2).

| 보증금반환청구소송의 확정판결의 효과

반대의무의 이행 또는 이행제공의 개시가 불요하다. 임대인이 보증금반환청구소송의 판결문에 기재된 대로 의무이행을 하지 않는 때에는 임차인은 확정판결에 기한 강제경매를 신청하는 경우 반대의무의 이행 또는 이행의 제공을 집행개시의 요건으로 하지 않는다(「상가건물 임대차보호법」 제5조 제1항). 따라서, 임대인에게 보증금반환의 최고는 물론 임차상가건물의 인도 또는 인도의 제공을 하지 않고도 바로 강제경매신청을 할 수 있고, 임차인은 대항력과 우선

변제권을 유지할 수 있다.

임차인은 우선변제권의 행사가 가능하다. 대항요건과 임대차계약
증서상의 확정일자를 갖춘 임차인은 경매 또는 공매를 할 때 임차
상가건물(임대인 소유의 대지를 포함)의 환가대금에서 후순위권리자
나 그 밖의 채권자보다 우선하여 보증금을 변제받을 권리가 있고,
소액임차인의 경우에는 최우선변제권을 행사할 수 있다(「상가건물
임대차보호법」 제5조 제2항 및 제14조).

임차인은 배당금의 수령이 가능하다. 임차인은 임차상가건물의
환가대금에서 배당금을 수령하기 위해서는 임차상가건물을 양수인
에게 인도해야 한다(「상가건물 임대차보호법」 제5조 제3항). 왜냐하면,
반대의무의 이행 또는 이행의 제공을 요하지 않는 것은 집행개시의
경우에만 한정되기 때문이다.

임대인이 보증금을 돌려주지 않아요

소액소송

┃ 소액소송의 특징

소액소송이란, 소송목적의 값이 3천만 원을 초과하지 아니하는 금전 기타 대체물, 유가증권의 일정한 수량의 지급을 청구하는 사건을 말한다. 일반 민사사건보다 신속하고 간편한 절차에 따라 처리하는 제도이다. 소액사건의 신속한 처리를 위하여 1회의 변론기일로 심리를 마치고 즉시 선고할 수 있도록 하고 있다. 다만, 법원이 이행권고결정을 할 때는 즉시 변론기일을 지정하지 않고, 일단 피고에게 이행권고결정등본을 송달한 후 이의가 있을 경우에만 변론기일을 지정하여 재판을 진행하게 된다. 당사자의 배우자, 직계혈족, 형제자매는 법원의 허가 없이도 소송대리인이 될 수 있다. 이 경우 신분관계를 증명할 수 있는 가족관계등록사항에 관한 증명서 또는 주민등록등본 등으로 신분관계를 증명하고, 소송위임장으로 수권관계를 증명하여야 한다.

법원은 소장, 준비서면 기타 소송기록에 의하여 청구가 이유 없음이 명백한 때에는 변론 없이도 청구를 기각할 수 있다. 증인은 판사가 신문하고, 상당하다고 인정한 때에는 증인 또는 감정인의 신문에 갈음하여 진술을 기재한 서면을 제출하게 할 수 있다. 판결의 선고는 변론종결 후 즉시 할 수 있고, 판결서에는 이유를 기재하지 아니할 수 있다.

┃ 이행권고결정제도의 개요

이행권고결정이라 함은 소액사건의 소가 제기된 때에 법원이 결정으로 소장부본이나 제소조서등본을 첨부하여 피고에게 청구취지대로 이행할 것을 권고하는 결정을 말한다. 즉 간이한 소액사건에 대하여 직권으로 이행권고결정을 한 후 이에 대하여 피고가 이의하지 않으면 곧바로 변론 없이 원고에게 집행권원을 부여하자는 것이 이 제도의 골자라고 할 수 있다.

이행권고결정이 확정된 때에는 원칙적으로 별도의 집행문 부여 없이 이행권고결정정본으로 강제집행할 수 있도록 강제집행상의 특례를 규정하고 있다. 그러나 다음의 경우에는 이행권고결정을 할 수 없다.

➡ 지급명령이의 또는 조정이의사건
➡ 청구취지나 청구원인이 불명한 때
➡ 기타 이행권고를 하기에 적절하지 않은 경우

임대인이 보증금을 돌려주지 않아요

이행권고결정에는 소장부본을 첨부하여야 하므로, 원고는 소액사건의 소장을 제출할 때 원고와 피고의 수에 1을 더한 숫자만큼의 소장부본을 제출하여야 한다. 이는 이행권고결정의 원본용, 피고에게 송달하는 등본용, 확정 후 원고에게 송달하는 정본용으로 사용할 소장부본이 필요하기 때문이다. 참여사무관 등은 이행권고결정이 피고에게 송달되어 확정되면 그 정본을 원고에게 송달하게 되고, 피고는 이행권고결정등본을 송달받은 날부터 2주일 안에 서면으로 이의신청을 할 수 있다. 한편, 이행권고결정이 확정된 때에는 확정판결과 같은 효력을 부여받게 된다. 이행권고결정에 기한 강제집행은 원칙적으로 집행문을 부여받을 필요 없이 이행권고결정서 정본에 의하여 하도록 되어 있다. 다만, 조건이 있는 채권인 경우와 승계집행문이 필요한 경우에는 재판장의 명을 받아 집행문을 부여받아야 한다.

법원은 원고의 소장을 심사한 후 이행권고결정을 할 요건이 갖추어졌다고 판단되면 먼저 이행권고결정을 하게 된다. 피고가 이행권고결정등본을 송달받은 날부터 2주일의 불변기간 안에 서면으로 이의신청을 하지 않으면 사건은 종결되고 원고가 전부 승소한 것으로 확정된다. 이행권고결정을 하지 않은 경우와 피고가 이의신청을 한 경우에는 변론기일에 재판을 열어 심리 후 판결하게 된다. 소장부본을 송달받은 피고는 원고의 청구에 이의가 있으면 답변서를 제출한다. 답변서에는 청구의 취지 및 청구의 원인에 대한 이의 이유를 구체적으로 적어야 한다. '청구의 취지'에 대한 답변에서는 원고의 청구에 응할 수 있는지 여부를 분명히 밝혀야 하며, '청구의 원인'에 대한 진술에서는 원고가 소장에서 주장하는 사실을 인정하는지 여부를 개별적으로 밝히고, 인정하지 아니하는 사실에 관해서는 그 사유를 구체적으로 적어야 한다. 또한, 답변내용을 입증할 수 있는 서증을 함께 제출하여야 한다. 변론기일에 원고와 피고는 법정에 출석하여 변론을 하게 된다. 판결의 선고는 변론종결 후 즉시 할 수 있으며, 판결서에는 이유를 기재하지 아니할 수 있다.

임대인이 보증금을 돌려주지 않아요

내용증명서

┃ 내용증명서 보내기

 내용증명서란 개인 및 기업 간의 채권, 채무에 관련된 이행 사항 등의 득실변경에 관한 부분을 문서화하는 것으로 발송인이 수취인에게 본인의 요구사항 등이 적힌 내용의 문서를 발송하였다는 사실을 발송인이 작성한 등본에 의하여 우체국에서 공적으로 증명할 수 있는 양식이다.

 임대인이 임대차가 종료되었음에도 보증금을 돌려주지 않을 때에는 임차인은 임대차계약 사실, 임대차의 종료됨에 따라 반환받아야 할 보증금의 액수 등을 적은 내용증명우편을 발송하여 보증금의 반환을 독촉한다. 내용증명을 송부하여 독촉하였음에도 불구하고 보증금을 돌려주지 않을 때는 민사조정, 지급명령 등의 재판 외의 민사분쟁 해결 제도나 보증금반환청구소송을 제기하는 등 법적 절차를 취할 수 있다.

내용증명은 그 자체로서는 직접적인 법률적 효력이 발생하지 않는다. 그러나 분쟁이 발생하였을 때 수취인에게 특정 내용을 보냈다는 증명력을 가진 문서로서 서면내용의 정확한 전달이자 곧 보낸 사실의 증거로 활용될 수 있다. 우체국에서 공적으로 증명하는 공신력 있는 문서이므로 오늘날 상호 간에 채권, 채무관계의 증거보전이나 채무자에게 채무변제를 독촉하기 위한 수단으로 사용되고 있다. 내용증명의 발송목적은 증거보전의 필요와 상대방(채무자 등)에게 어떠한 사실(계약해제 등)을 정확하게 알리는 데에 목적이 있다. 또한, 심리적 압박감을 주어 그 내용 이행을 실현케 하는 독촉의 목적도 포함한다. 그리고 계약당사자 중 일방의 불이행으로 그 계약을 해제하고자 할 때나 기타 무능력, 사기, 강박 등으로 인하여 그 계약을 취소하고자 하는 등 통보의 수단이 되며 필요한 증거확보 차원에서 내용증명을 적극적으로 활용할 수 있다. 이밖에도 채권양도에 따른 채권양도통지의 경우 등도 내용증명서를 발송할 수 있는데, 명확한 증거를 남기는 데 효과적이라 하겠다.

내용증명의 기재형식에는 특별한 규정이 없으나 제목에 어떠한 최고서나 통고서 등을 선택하여 기재할 수도 있다. 다만, 그 내용에 있어서는 육하원칙으로 상대방에게 전달하고자 하는 내용을 간단하고 명료하게 기재해야 한다. 자기의 권익 및 상대방의 불이행 사실을 빠뜨리지 않고 기재해야 차후 분쟁의 발생 시 중요한 증거로 활용되어 소송의 승패에 상당한 영향을 미칠 수 있다.

임대인이 보증금을 돌려주지 않아요

내용증명을 보내고자 할 때는 먼저 3통을 작성한다. 우체국에서 내용증명우편의 확인 직인을 찍어 이를 처리하여 주는데 1통은 발송인이, 1통은 우체국이 보관하고, 다른 1통은 상대방에게 보내게 된다. 그 외 내용증명 문건이 2매 이상일 경우 이를 합하여 철하고 이 부분에 발송인의 인장 등을 찍어야(날인, 간인, 계인) 한다. 우체국에서 보관하는 내용증명 1통은 향후 3년간 보관하며, 3년 이내에 발송인이 내용증명을 분실하였을 경우 우체국에서 등본을 교부 청구 하면 발급이 가능하다.

　내용증명을 발송하였으나 수취인이 어떠한 답변도 없을 경우에는 계약을 파기함과 동시에 법적 절차로서 손해배상을 청구하는 지급명령 등을 신청할 수 있다. 그 이행기간 중에 계약 불이행자가 그의 재산을 처분하는 등의 행위를 하면 승소하고도 배상을 받지 못하는 등의 사유가 발생할 수 있다. 그러므로 이를 방지하기 위하여 먼저 채권확보를 위한 가압류나 가처분을 함과 동시에 소송을 제기하여야 한다. 또한, 소송 제기 시 상대의 인적사항과 재산 정도 등을 파악하고 필요시 공시송달 등의 절차나 소송에 관한 제반 절차를 확인하여 변호사를 선임하는 등의 조치도 필요하다.

〈내용증명서 샘플〉

내용증명

수신인	성 명	
	연 락 처	
	주 소	
발신인	성 명	
	연 락 처	
	주 소	

-다 음-

1. 귀하의 가정에 평안을 기원합니다.

2. 본인은 201 년   월   일 ○○시 ○○구 ○○동 ○○번지 소재 귀하의 소유 ○○빌라를 아래 첨부된 계약서와 같이 계약하고 당시 건물의 ○○하자 및 여러 가지 문제점이 제기되어 입주 전 까지 이를 수리 및 보수하여 주기로 계약을 하였던 바, 입주일이 다 되었는데도 이를 수리 및 보수하지 아니하였습니다.

3. 이에 본인은 귀하께서 201 년   월   일까지 하자시설물을 수리 및 보수하여 주실 것을 바라옵고 아울러 이를 이행치 아니할 경우 본 계약은 무효로 하고 계약 해지에 따른 계약금의 환불 및 계약불이행에 따른 손해배상청구 및 법적인 조치를 취할 것임을 알려드리는 바입니다.

별 첨 : 부동산계약서 사본 1통

20   년   월   일

발신인 :   (인)

임대인이 보증금을 돌려주지 않아요

가압류

▎가압류 신청

가압류란 금전이나 금전으로 환산할 수 있는 청구권을 그대로 두면 장래 강제집행이 불가능하게 되거나 곤란하게 될 경우에 미리 일반담보가 되는 채무자의 재산을 압류하여 현상을 보전하고, 그 변경을 금지하여 장래의 강제집행을 보전하는 절차를 말한다(「민사집행법」 제276조 제1항 참조).

임대인이 재산을 은닉하거나 빼돌릴 가능성이 있으면, 임차인은 보증금반환청구소송을 제기하기 전에 동산 또는 부동산에 대한 강제집행을 보전하기 위해 임대인의 재산에 가압류를 해 둘 필요가 있다. 가압류를 하지 않았을 경우 소송에서 승소하여도 채무자가 미리 재산을 처분한 경우 채권자는 소송 이후 강제집행을 할 수 없어 소송의 실익을 상실할 수 있다.

〈가압류의 종류〉

부동산가압류	특정 부동산(건물, 토지 등)을 처분할 수 없도록 하는 절차로 등기부에 기재함으로써 효력이 발생한다.
채권가압류	다른 사람으로부터 받을 돈(급여, 전세금, 예금 등)을 받지 못하도록 하는 절차이다.
유체동산가압류	유체동산(TV, 냉장고, 집기 등)을 처분할 수 없도록 하는 절차이다.
자동차가압류	승용차, 트럭, 버스 등을 처분할 수 없도록 하는 절차를 말한다. 차량등록원부에 기입함으로써 효력이 발생한다.

〈관할법원과 집행법원〉

가압류 신청 관할법원	민사집행법상 가압류사건은 가압류할 물건의 소재지 지방법원이나 본안소송이 계속중이거나 앞으로 본안이 제소되었을 때 이를 관할할 수 있는 법원 중 한 곳에 제출하여야 한다.
	강제집행에 관하여는 당사자의 합의에 의한 합의관할은 인정되지 않는다.
가압류 집행기관	유체동산의 가압류는 집행관이 이를 집행한다.
	채권자는 가압류결정정본을 가지고 가압류할 유체동산의 소재 장소를 담당하는 지방법원 관할 집행관에게 집행위임을 하고 수수료를 납부하면 집행관은 채권자가 가압류결정정본을 송달받은 날로부터 14일 이내에 집행에 착수함과 동시에 재판서 정본을 채무자에게 송달하게 된다.
	집행위임을 위한 신청서는 집행관 사무소에 비치되어 있다.

〈신청서 작성〉

기재사항	가압류신청서에는 당사자 및 법정대리인의 표시, 소송대리인의 표시, 신청의 취지, 신청의 이유, 법원의 표시, 소명방법의 표시, 년 · 월 · 일의 표시, 당사자 또는 대리인의 기명날인 또는 서명, 첨부서류의 표시, 목적물의 표시여부를 하여야 한다.
수수료	신청서에는 10,000원(지급보증위탁문서의 제출을 동시에 신청하는 경우에도 10,000원)의 수입인지 및 송달료(당사자 수 × 3회분)를 납부하여야 한다.

임대인이 보증금을 돌려주지 않아요

가처분

┃ 가처분이란

　채권자가 금전채권이 아닌 특정계쟁물에 관하여 청구권을 가지고 있을 때 본안판결이 확정되어 그 강제집행 시까지 방치하면 그 계쟁물이 처분되거나 멸실되는 등 법률적 사실적 변경이 생기는 것을 방지하고자 판결을 받기 전에 그 계쟁물의 현상변경을 금지시키는 집행보전제도이다. 가처분의 다양성으로 인하여 가처분의 형식도 일정하지 않으나, 일반적으로는 처분행위를 금지하는 처분금지가처분과 점유이전행위를 금지하는 점유이전금지가처분이 있다. 또한, 당사자 간에 현재 다툼이 있는 권리관계 또는 법률관계가 존재하고 그에 대한 확정판결이 있기까지 현상의 진행을 그대로 방치한다면 권리자가 현저한 손해를 입거나 목적을 달성하기 어려운 경우에 잠정적으로 임시의 조치를 행하는 보전제도로서 예컨대 건물의 명도청구권을 본안의 권리로 가지고 있는 자에게 임시로 그 건물 점유자의 지위를 준다든지, 해고의 무효를 주장하는 자에게 임

금의 계속 지급을 명하는 따위의 임시지위를 정하는 단행적 가처분
도 할 수 있다.

가처분을 하지 않았을 경우 소송에서 승소하여도 계쟁물이 처분
되면 그 목적물의 양수인에게 대항할 수 없으며, 계쟁물이 멸실되면
채권자는 현저한 손해를 입거나 목적에 달성하기 어려울 수 있다.

〈가처분의 종류〉

처분금지 가처분	목적물에 대한 채무자의 소유권이전, 저당권, 전세권, 임차권설정 등 처분행위를 금지하여 그 이후 채무자로부터 부동산을 양수한 자에게 대항하기 위한 절차이다.
점유 이전금지 가처분	부동산에 대한 인도 · 명도청구권을 보전하기 위하여 채무자가 목적 부동산에 대하여 인적, 물적 현상을 변경시키는 행위를 금지하도록 하기 위한 절차이다.

〈관할법원〉

가처분 신청 관할법원	현재 본안소송(통상의 소송절차 및 독촉절차, 제소전화해절차, 조정절차, 중재판정절차 등)이 계속 중이라면, 그 법원이 관할법원이 되고, 현재 본안이 계속중에 있지 않으면 앞으로 본안이 제소되었을 때 이를 관할할 수 있는 법원에 제출하면 된다.

임대인이 보증금을 돌려주지 않아요

상가건물임대차분쟁조정위원회 신청

▎상가건물임대차분쟁조정위원회 설치

상가건물 임대차와 관련된 분쟁을 심의·조정하기 위하여 대한
법률구조공단의 지부, 「한국토지주택공사법」에 따른 한국토지주택
공사의 지사 또는 사무소 및 「한국부동산원법」에 따른 한국감정원
의 지사 또는 사무소에 상가건물임대차분쟁조정위원회를 두고, 특
별시·광역시·특별자치시·도 및 특별자치도는 그 지방자치단체
의 실정을 고려하여 조정위원회를 둘 수 있다(「상가건물 임대차보호
법」 제20조 제1항).

▎상가건물임대차분쟁조정위원회 기능

상가건물임대차분쟁조정위원회는 다음의 사항을 심의·조정한다
(「상가건물 임대차보호법」 제20조 제2항).

➡ 차임 또는 보증금의 증감에 관한 분쟁

➡ 임대차기간에 관한 분쟁

➡ 보증금 또는 임차상가건물의 반환에 관한 분쟁

➡ 임차상가건물의 유지·수선의무에 관한 분쟁

➡ 권리금에 관한 분쟁

➡ 그 밖에 「상가건물 임대차보호법 시행령」으로 정하는 상가
  건물 임대차에 관한 분쟁

Ⅰ 상가건물임대차분쟁조정위원회의 조정 등

상가건물임대차분쟁조정위원회는 「상가건물 임대차보호법」에서
정하는 사항 외에는 「주택임대차보호법」제14조부터 제29조까지의
규정을 준용하며, 이 경우 "주택임대차분쟁조정위원회"를 "상가건
물임대차분쟁조정위원회"로 본다(「상가건물 임대차보호법」제21조).

임대인이 보증금을 돌려주지 않아요

제소전 화해제도

▎ 제소전 화해제도의 특징

'제소전 화해'라 함은 일반 민사분쟁이 소송으로 발전하는 것을 방지하기 위하여 소제기 전에 지방법원(또는 시·군법원) 단독판사 앞에서 화해를 성립시켜 분쟁을 해결하는 절차이다. 제소전 화해가 성립되어 화해조서가 작성되면 화해조서는 판결과 같은 효력이 발생한다. 따라서 상대방의 재산에 대한 집행권원을 얻게 되어 강제집행을 할 수 있다.

화해신청이 접수되면 법원은 필수적 기재사항의 누락 등을 확인하여 흠이 있으면 보정을 권고한다. 법원은 신청서 등의 부본을 피신청인에게 송달하고 화해기일을 정하여 양쪽 당사자에게 통지한다. 송달 불능 시에는 주소보정을 하여야 하며 신청인이 이에 응하지 않으면 신청이 각하된다. 당사자는 화해기일에 출석하여 화해의사 유무를 표시한다. 만약 신청인 또는 피신청인이 불출석한 때에는 화해불성립으로 처리될 수 있다. 화해가 성립되면 당사자는 화해조서 정본을 송달받게 된다. 화해조서는 확정판결과 동일한 효력을 갖는다.

┃ 제소전 화해제도의 신청안내

제소전 화해의 신청은 서면이나 말로 할 수 있다. 신청에는 청구의 취지, 청구의 원인과 다투는 사정을 기재한다. 이때 청구의 취지에 신청인에 대한 청구뿐만 아니라 신청인이 상대방에 대하여 하여야 하는 급여(의무)까지 함께 표시하여 주는 것이 좋다.

신청에는 당사자와 법정대리인의 성명 및 주소를 명시하고, 작성한 날짜와 법원을 표시하며 부속서류가 있으면 첨부한다. 화해신청에는 소장에 붙일 인지액의 5분의 1의 인지를 첨부한다. 청구취지와 원인이 소장이 기재된 것으로 가상하여 소송목적의 값을 정하고 이에 따른 인지액을 산출한 후 그 5분의 1에 해당하는 인지를 첨부해야 한다. 화해신청의 청구취지에 신청인의 청구권 외에 의무이행사항까지 함께 기재되는 경우에는 신청인이 자기 이익을 위하여 청구하는 부분에 대하여만 소송목적의 값을 산정하면 되고, 피신청인의 이익을 위한 부분은 소송목적의 값 산정에 합산하지 않는다.

┃ 화해성립과 화해불성립

화해가 성립되어 작성된 화해조서는 확정판결과 동일한 효력을 갖는다. 화해가 성립되면 원칙적으로 불복할 수 없으나 일정한 경우에 준재심으로 다툴 수 있다.

화해불성립의 경우에 당사자(신청인은 물론 피신청인 쪽에서도)는 그 분쟁을 소송으로 해결하기 위하여 소제기신청을 할 수 있다. 소제기신청이 있으면 화해신청 시로 소급하여 신청인이 소를 제기한 것으로 보게 된다. 어느 쪽에서 소제기신청을 하였든 간에 당초의 화해신청인이 원고가 되고 피신청인이 피고가 된다.

화해신청인이 소제기신청을 하는 경우에는 소제기신청서에 화해신청서에 첨부한 인지액 5분의 1을 제외한 5분의 4에 대하여 첨부하며, 피신청인이 소제기신청을 할 때는 인지를 첨부할 필요가 없으나, 추후 신청인에게 인지보정명령이 가게 된다.

제소전 화해 적용 범위

[대법원 2022. 1. 27., 선고, 2019다299058, 판결]

【판결요지】

[1] 제소전 화해는 확정판결과 동일한 효력이 있고 당사자 사이의 사법상 화해계약이 그 내용을 이루는 것이면 화해는 창설적 효력을 가져 화해가 이루어지면 종전의 법률관계를 바탕으로 한 권리의무관계는 소멸한다. 그러나 제소전 화해의 창설적 효력은 당사자 간에 다투어졌던 권리관계에만 미치는 것이지 당사자가 다툰 사실이 없었던 사항은 물론 화해의 전제로서 서로 양해하고 있는 사항에 관하여는 미치지 않는다. 따라서 제소전 화해가 있다고 하더라도 화해의 대상이 되지 않은 종전의 다른 법률관계까지 소멸하는 것은 아니다. 법률행위의 해석은 당사자가 표시행위에 부여한 객관적 의미를 명백하게 확정하는 것으로서, 서면에 사용된 문구에 구애받는 것은 아니지만 어디까지나 당사자의 내심적 의사의 여하에 관계없이 서면의 기재 내용에 의하여 당사자가 표시행위에 부여한 객관적 의미를 합리적으로 해석하여야 하는 것이고, 당사자가 표시한 문언에 의

하여 객관적인 의미가 명확하게 드러나지 않는 경우에는 문언의 내용과 법률행위가 이루어진 동기 및 경위, 당사자가 법률행위에 의하여 달성하려는 목적과 진정한 의사, 거래의 관행 등을 종합적으로 고려하여 사회정의와 형평의 이념에 맞도록 논리와 경험의 법칙, 그리고 사회 일반의 상식과 거래의 통념에 따라 합리적으로 해석하여야 할 것인데, 이러한 법리는 당사자 사이에 제소전 화해가 성립한 후 화해조항의 해석에 관하여 다툼이 있는 경우에도 마찬가지로 적용되어야 한다.

[2] 甲과 乙 등이 점포에 관하여 임대차계약을 체결한 후 "甲은 임대차기간만료일에 乙 등으로부터 임대차보증금을 반환받음과 동시에 점포를 乙 등에게 인도한다."라는 내용의 제소전 화해를 하였는데, 甲이 임대차기간만료 전 임대차계약의 갱신을 요구한 사안에서, 임대차계약에 甲의 계약갱신요구권을 배제하는 내용이 없고, 오히려 계약을 갱신할 경우에 상호 협의 한다고 정한 점, 화해조서에 임대차계약이 기간만료로 종료하는 경우 甲이 임대차보증금을 반환받음과 동시에 乙 등에게 점포를 인도한다고 기재되어 있을 뿐, 甲의 계약갱신요구권이나 이에 관한 권리관계에 대하여는 아무런 기재가 없으며, 그 내용이 甲의 계약갱신요구권 행사와 양립할 수 없는 것이라고 보기도 어려운 점, 甲이 계약갱신요구권을 미리 포기할 이유가 있었다고 볼 만한 사정을 찾기 어렵고, 화해조서에서 점포의 반환일을 임대차기간만료일로 기재한 점이나 화해의 신청원인으로 '합의된 사항의 이행을 보장하고 장래에 발생할 분쟁을 방지하고자' 함

에 있다고 기재한 사정만으로 甲이 계약갱신요구권을 포기하는 의사를 표시한 것이라고 단정하기 어려운 점에 비추어, 甲의 계약갱신요구권은 화해 당시 분쟁의 대상으로 삼지 않은 사항으로서 화해에서 달리 정하거나 포기 등으로 소멸시킨다는 조항을 두지 않은 이상 화해의 창설적 효력이 미치지 않고, 甲은 화해조서 작성 이후에도 여전히 법이 보장하는 계약갱신요구권을 행사할 수 있다고 보아야 하는데도, 이와 달리 본 원심판단에 법리오해 등의 잘못이 있다고 한 사례.